SOUVIENS-TOI DE NOS ENFANTS

SAMUEL SANDLER
avec
ÉMILIE LANEZ

SOUVIENS-TOI DE NOS ENFANTS

BERNARD GRASSET
PARIS

ISBN : 978-2-246-81550-1

Jonathan vérifie que les écharpes sont bien nouées puis les embrasse. Emmitouflés dans leur blouson, la capuche relevée jusqu'au front, les deux garçons se laissent faire. Ont-ils remarqué comme le ciel est sombre en cette veille de printemps ? Arié, 6 ans, lève les yeux. Gabriel, 3 ans, ne lâche pas sa tétine, il n'a pas encore l'âge où on la cache au fond d'une poche. Sur le trottoir bordant l'école Ozar Hatorah, Jonathan Sandler, 30 ans, mon fils, tient ses deux enfants par la main. Un vent aigre souffle sur Toulouse, ce matin du 19 mars 2012.

La grille métallique de l'établissement s'ouvre. Au fond de la cour se dressent les bâtiments de brique rose, où s'allument, une à une, les salles de cours. Le professeur Sandler ne regarde pas sa montre. Qu'importe si la navette des garçons est en retard, il savoure de tenir ses fils serrés contre lui. Dans quelques minutes, celui que ses élèves nomment « rav Sandler » – on désigne ainsi les hommes qui, sans être devenus des rabbins, ont pour métier l'étude de la Torah et son enseignement – devra rejoindre la prière collective de l'école. Chaque journée est une offrande que Dieu fait aux hommes, un don accueilli avec confiance par ceux qui vénèrent la parole. C'est ce que le rav Jonathan s'apprête à chanter. C'est ce qu'il croit, mon enfant. Comme devant toutes les écoles, des voitures ralentissent, s'arrêtent, des élèves en sortent, cartables sur le dos, les voitures repartent. Par la portière, des mains saluent, des baisers volent. À ce soir, mon grand. Bonne journée, ma chérie. Quelques gouttes tombent. Soudain, un scooter s'approche. Gabriel et Arié ont sûrement tourné la tête pour l'observer, ils admirent tant les moteurs qui font du bruit, et celui-ci en fait beaucoup. Un homme casqué roule très vite puis freine brutalement et descend. Il ne retire pas son casque et n'attache pas son scooter. L'homme se fond dans la cohue. Il examine les lieux et paraît chercher où porter ses pas, jetant un coup d'œil vers la cour, dans laquelle s'attroupent les lycéens. Il hésite à y entrer, puis se ravisant, longe les haies entourant la clôture verte. Il s'arrête. Devant lui, un homme, la trentaine, des lunettes, une kippa. Il a la barbe un peu clairsemée et à ses côtés frissonnent deux petits garçons, ils ont les yeux noirs et les joues rebondies. Mes trois enfants, immobiles, confiants, attendent la navette. Le motard s'approche. Jonathan a-t-il senti cette insistance et souri à cet inconnu se dirigeant résolument vers lui ? Une famille juive sur un trottoir de France.

Une caméra scotchée sur le torse, le conducteur est maintenant planté face à eux. Sous le casque, son visage est invisible. Son bras s'étend, se dresse et il pointe le canon d'une arme contre Jonathan. Il tire. Mon fils s'écroule sur la chaussée. Que font mes petits-fils ? Hurlent-ils, pleurent-ils, cherchent-ils à s'échapper, appellent-ils leur mère au secours ? J'ignore tout de ces instants. Personne n'est à côté d'eux ou tout du moins si quelqu'un s'y trouvait, si un témoin a vu mes petits-enfants, les yeux rivés sur le cadavre de leur père, sur sa main qui vient de lâcher les leurs, il ne s'est pas manifesté à moi depuis lors. Ces instants, les ultimes fragments de leur vie, m'obsèdent. Mon imagination ne cesse de reconstituer mentalement cette matinée.

Dans ma tête siffle la première balle et je vois la foule se figeant, tétanisée, puis comprenant que la mort s'est invitée, criant à pleins poumons, s'engouffrant dans les voitures, se cachant derrière les poubelles, les buissons. Que font mes petits-fils tenus en joue par l'assassin de leur père ? Gabriel et Arié le voient pointer son arme vers leurs visages. Le monstre a-t-il dit quelque chose ? Il pose le canon encore chaud sur la tempe d'Arié, le plus grand des deux. La balle traverse sa tête et Arié s'écrase contre son père.

Gabriel ne bouge plus. Il y a quelques semaines un coiffeur a coupé ses boucles brunes pour la première fois, conformément à la tradition juive qui veut qu'on attende l'âge de trois ans pour toucher les cheveux. Ses parents m'ont envoyé une photo de lui. Si fier, mon petit, de ne plus être un bébé. Le tueur ne sait rien de tout ça, il observe Gabriel, sa bouche ouverte. Un enfant, seul au milieu de la cohue. Et, à cet instant, je suis certain que les cris alentour redoublent. Le tueur a supprimé trois juifs. Il est persuadé de gagner son paradis en faisant d'une école un enfer. Il se retourne vers la rue, jouissant de voir ces gosses paniqués, allongés sur le bitume, ces mères protégeant leurs petits. Puis, tout se glace. Le monstre se dirige vers la cour, où il attrape celle qui a fui moins vite que les autres : Myriam Monsonego, 8 ans. Il saisit la fillette, il pointe son pistolet mais l'arme s'enraye, il en change et, retenant toujours entre ses doigts les cheveux blonds, il pose le canon sur sa tempe et l'assassine. Il se redresse et respire. Des yeux il cherche d'autres proies faciles, de préférence des petits, ça court moins vite les petits, mais plus personne ne bouge. Entre les bâtiments de brique, les pas du tueur claquent, le son de ses semelles ricoche contre les murs. Un élève court, un grand cherchant où se cacher. Le tueur jubile et tire de loin. La balle blesse Aaron Bijaoui, 15 ans, laissé pour mort, le visage contre terre. Il pleut, les gouttes tombent dans les flaques de sang. L'homme éteint sa caméra, il retourne vers son scooter et s'éloigne. Il n'y aura pas de prière ce matin du 19 mars 2012 à l'école Ozar Hatorah. Sous le ciel obscurci, quatre cadavres jonchent le bitume. L'exécution a duré trente-six secondes.

Depuis ce carnage, je vis sous anesthésie. Comme un fantôme, dont les émotions sont effacées, les rires assourdis et les humeurs atones. Même les paroles de mes proches se sont transformées en murmures que je peine à entendre. L'absence de Jonathan, de Gabriel et d'Arié me hante. Le 19 mars 2012, je suis mort une première fois. N'est-il pas écrit dans la Bible que les morts enterrent les vivants ?

Myriam, mon épouse, et moi-même partageons notre deuil, muets, nous réfugiant dans les préoccupations du quotidien afin de nous éloigner, ensemble, du gouffre qui nous guette. Peu après la tuerie, ma femme m'a confié regretter avoir donné la vie à Jonathan. Si elle avait su que son fils allait mourir en martyr, elle aurait préféré qu'il ne naisse jamais. Quelle pensée terrible. À la différence de Myriam, je parviens à vivre, malgré nos morts, parce que le souvenir de leurs vies me réconforte. Je m'y accroche. Jusqu'au dérisoire. J'ai acheté notre voiture il y a plus de dix-huit ans et Jonathan m'avait accompagné au garage, et c'est d'ailleurs un peu pour lui faire plaisir que j'avais accepté cette carrosserie bleu canard. Il serait grand temps de la changer mais je m'y refuse, car j'aime m'asseoir là où Jonathan a posé sa tête et étendu ses jambes. Dans l'habitacle, je crois sentir l'odeur de sa lotion après-rasage et j'entends, à l'arrière, le babil des petits se chamaillant pour un biscuit. Dans les filets des sièges arrière, je conserve leurs tickets d'entrée pour le zoo de Thoiry.

Jennifer, la sœur aînée de Jonathan, sa complice, sa camarade, sa protectrice, est désormais notre fille unique. Elle et sa famille ont quitté Montrouge, émigrant vers Israël, convaincus d'y être plus en sécurité.

Leur départ nous a peinés. Ma fille se bat pour échapper au deuil. Elle ne pleure pas, elle lutte. Jennifer et Michael, son mari, ont aujourd'hui six enfants et je ne peux m'empêcher de penser que sa maternité est un défi à l'anéantissement. Tous les trois mois, nous leur rendons visite à Jérusalem. À chaque fois, nous leur apportons une valise remplie de pyjamas chauds, de bonnets, d'ustensiles de cuisine, de livres en français, de puzzles et de jeux de sept familles. Nos jours loin d'eux sont occupés à préparer nos retrouvailles. Avec Jennifer, il ne m'est pas plus facile de parler qu'avec Myriam. Mais quand cela nous arrive, j'apprécie nos conversations, où nos défunts paraissent s'être éclipsés, éloignés dans une pièce et, qu'à tout instant, ils pourraient revenir et nous surprendre.

Eva, ma belle-fille, la mère d'Arié et de Gabriel, après s'être installée à Sarcelles, près de sa famille, habite désormais à Jérusalem. Merveilleuse Eva qui au sacrifice des siens répond par la prière. Elle trouve un sens dans la piété et je l'envie. Liora, sa fille, la sœur d'Arié et Gabriel, a presque 7 ans désormais ;

sa mère l'élève dans la joie et le respect des disparus. Lorsque Liora entre dans notre appartement, elle commence toujours par embrasser les photos de son père et de ses frères avant de se blottir dans nos bras et de nous demander à quelle heure nous irons au jardin d'Acclimatation. Très chère Eva, à qui je n'ose dire notre profonde affection. L'absence est clouée dans nos cœurs. Notre deuil est solitaire, taciturne. Il ne s'allège pas. Au fil du temps, il nous éloigne de nos proches. Je ne sais plus pleurer les morts, ni consoler les vivants.

Le 18 mars 2012, la veille de l'exécution, Jonathan me téléphone. Je conduis, notre conversation est brève. Il m'annonce qu'ils fêteront la Pâque chez nous, au Chesnay. J'en informe ma femme, qui se réjouit à son tour. Les trouverons-nous changés, nos petits ? En février, nous avons emmené Arié une semaine en Israël. Dans le lobby de l'hôtel, il est resté des heures devant les boutons commandant l'ascenseur, émerveillé de voir l'engin lui obéir. Dans notre chambre, il joue allongé sur le tapis et je me dis que les enfances sont toutes les mêmes, à ceci près qu'Arié n'a pas de soldats de plomb comme j'en avais, mais une poupée articulée qu'il m'interdit de désigner ainsi car ce n'est pas une poupée mais un « Transformer » terrifiant, qui sait sauter, plonger et surtout écarter les bras. En se couchant, Arié récite sa prière, il demande à Dieu de protéger ses parents, son frère et sa petite sœur et quand je l'embrasse, il me lance, malicieux : « Bonne nuit, monsieur Café » et je ris. Arié a remarqué que je surnomme son petit frère « monsieur Coca », parce qu'il ne cesse d'en réclamer lorsqu'il dort chez nous et il me retourne la moquerie.

En janvier, de passage chez eux à Toulouse, je m'étais réjoui de les voir lui et son frère jouer avec leur avion Playmobil, notant qu'ils simulaient avec précision les atterrissages et les décollages. Ils tiennent de moi, m'étais-je rengorgé, même si je sais qu'il est ridicule de croire qu'un ingénieur aéronautique transmettrait ses connaissances par les gènes, mais bon, ils savent mieux imiter les manœuvres d'un avion Playmobil que tous les autres bambins que je croise, donc ils doivent tenir ça de leur grand-père, non ? Ma femme interrompt mes rêveries. Jonathan et sa famille viendront fêter la Pâque avec nous.

Le lendemain de son appel, je suis à mon bureau, lorsque sonne mon portable. Il affiche le prénom d'Eva. Étonnant qu'elle me téléphone si tôt le matin ? Je la rappelle aussitôt et je l'entends me dire, d'une voix blanche : « Jonathan est mort. » Je ne me souviens plus ce que je lui ai répondu, si je lui ai demandé qui l'avait avertie, si elle avait prévenu ses propres parents, si Liora dormait encore, si la police était avec elle. Sidéré, je me suis levé, j'ai attrapé mon manteau, mon portefeuille et informé mes collègues qu'il était arrivé un drame et que je devais partir à Toulouse. Les instants qui suivent l'appel d'Eva, je les traverse comme un robot. Je monte dans ma voiture et sur la route vers l'aéroport d'Orly, j'écoute France Info. On évoque des coups de feu devant une école juive. Cette information me soulage, Eva s'est trompée, car s'il y a eu un échange de tirs, Jonathan ne peut y avoir participé puisqu'il n'a pas d'arme. Je roule, un peu rassuré. Puis l'angoisse revient, elle m'étrangle la gorge et j'essaie de joindre Joël Mergui, le président du Consistoire central, qui ne répond pas. Lui doit savoir ce qui s'est passé dans l'école Ozar Hatorah, je recompose le numéro mais il sonne dans le vide. J'appelle Jennifer : « Il est arrivé quelque chose à Jonathan, va chercher Maman tout de suite, elle ne doit pas l'apprendre par la radio. » Je ne réalise même pas combien je suis brutal avec mon aînée. Je ne ressens rien, je fonctionne.

Dans la salle d'embarquement, Joëlle, une cousine de ma femme, m'appelle. Elle a écouté les informations, elle est très inquiète. Puis c'est le grand rabbin Michel Gugenheim qui me téléphone. Il me demande si mes enfants ont été touchés. J'acquiesce et il sanglote. Je suis pétrifié d'entendre le grand rabbin pleurer. Pourquoi lui ai-je dit que ce sont les miens qui sont morts alors que je l'ignore ? Comment sait-il à Paris qui sont les victimes de la fusillade de Toulouse ? Et pourquoi ai-je raccroché sans le questionner ? Tout se mêle dans ma tête, comme si mon cerveau ne fonctionnait plus que par réflexes mécaniques. L'avion est prêt à décoller, je suis docilement la foule des passagers. Dans la cabine, soulevant ma sacoche pour la mettre dans le coffre à bagages, celle-ci cogne l'épaule d'un passager qui se retourne en maugréant. Je lui présente mes excuses et je rappelle Eva, qui ne sait rien de plus, Jonathan serait mort. « Ce doit être un coup des Palestiniens », je dis ça, parlant fort dans l'avion, sans me soucier des voisins, en proie à la colère. M'ayant entendu, le monsieur de mauvaise humeur m'interpelle. Il se rend à l'école de Toulouse lui aussi, ses enfants sont élèves à Ozar Hatorah, une voiture viendra le chercher à notre arrivée, il peut m'emmener si je le souhaite.

À Toulouse, mon compagnon de voyage et le conducteur se réjouissent d'apprendre que leurs enfants sont indemnes, et aucun des deux ne songe à me demander, à moi qui me tais dans leur dos, si je dispose d'informations concernant les miens. Leur joie est insoutenable. Nous approchons de l'école, la circulation ralentit, les rues sont embouteillées. Vacarme des sirènes de la police, camions de pompiers, tumulte du drame. Je suppose aujourd'hui que quelqu'un a dû m'attendre devant l'école, un policier a peut-être vérifié mon identité, on m'a guidé, proposé une chaise, indiqué un portemanteau où accrocher mes affaires. Tous ces détails, je les ai oubliés.

En revanche, je me vois marcher dans l'école silencieuse, ma sacoche à la main, cherchant mes enfants. Une porte est ouverte, je regarde, la salle de classe est vide. Une autre pièce, vide également. Je remonte un couloir. Où sont-ils ? Je passe la tête à l'intérieur d'une salle de classe. Uniformes, mines sombres, voix basses. M'éloignant de cette réunion, je croise le président du Consistoire central éploré, puis le directeur de l'établissement, monsieur Monsonego, que deux hommes soutiennent, ses jambes ne le portant plus. Nous sommes-nous parlé ? Je ne sais plus. Pas un bruit, pas une voix, seuls quelques mouvements feutrés, furtifs. Joël Mergui est là. Je ne lui demande pas comment il a appris la nouvelle, pourquoi il paraît savoir ce que je redoute. Il s'approche et m'emmène vers un débarras où sont entreposées des tables et des chaises. Prenant mes mains entre les siennes et me regardant, il me dit qu'Arié est mort, que Jonathan est mort et que Gabriel, grièvement blessé, n'a pas survécu malgré une intervention chirurgicale. Joël Mergui me tient l'épaule, et je me tais. Incapable d'ouvrir la bouche ou de tendre les doigts, comme si un bloc de glace emprisonnait mon cœur, je ne pense rien.

À cet instant, la porte du cagibi s'ouvre. Nicolas Sarkozy entre, accompagné d'un homme, dont je comprendrai qu'il s'agit du ministre de l'Éducation. Le président de la République m'attrape les mains, il me parle et je n'entends rien, me contentant d'observer son visage ravagé par le chagrin. La honte m'étreint, il n'est pas supportable qu'un Sandler soit responsable de l'effondrement du chef de l'État, alors je lui souris, j'entre dans son flot de paroles, j'y prends pied, je m'y accroche et je cherche à le dévier afin de le conduire en terrain paisible. Sait-il que je suis né à Neuilly ? Un court instant, il me fixe, interloqué. Mais voilà qu'il ouvre à nouveau la bouche et, sans réagir à la mention de mon lieu de naissance, il me jure que le barbare sera arrêté. Ce mot m'électrise. Chez le barbare demeure une étincelle d'humanité, or l'homme qui a tué Jonathan et Arié, l'homme qui a mortellement blessé Gabriel est un assassin. L'assassin. Je voudrais rectifier, lui dire qu'il se trompe, que l'homme qui vient de tuer mes enfants n'est pas un barbare, un étranger venu souiller notre sol, la question est autre ; comprend-il qu'il ne s'agit pas d'invasion, mais bien d'un carnage d'innocents ? Ces mots bouillonnent, et pourtant, englué dans une torpeur indescriptible, je les retiens et je crois même que je souris au président. Est-ce important alors que mes trois enfants ne respirent plus ? Coincé contre lui, respirant son odeur dans ce cagibi poussiéreux, je ressens sa peine et le poids de la responsabilité qui lui cisaille les traits. Nous nous serrons les mains, les bras. Puis le président s'éloigne, à pas rapides. Où est Eva ? Qui est à ses côtés ?

Qui garde Liora, l'unique survivante des trois enfants Sandler ?

Debout contre le mur, je pense à Myriam que je n'ai pas appelée depuis ce matin, à Jennifer qui à l'heure qu'il est doit dire à ses enfants que leurs cousins sont morts. Ils rentrent de l'école pour déjeuner, ils crient dans l'escalier, se bousculent contre la table en lui demandant ce qu'elle a préparé et elle les serre contre son ventre, pressant leurs petites têtes contre sa poitrine. Myriam est-elle à ses côtés ? Je devrais être avec elles pour les aider à consoler mes petits-enfants, leur dire qu'ils n'ont rien à craindre, qu'ils vivront longtemps, que c'est le hasard, la malédiction, Satan qui a frappé, mais qu'eux doivent sourire, sauter, jouer, crier, être heureux et prier pour qu'Arié, Gabriel et Jonathan les entendent. Suffoquant, je sors du cagibi et avance dans le couloir.

Une voiture m'attend pour me conduire à l'hôpital. Des photographes me mitraillent. Sur le chemin, j'appelle le commissaire de police de Versailles, que je connais bien. Il paraît un peu surpris que je lui téléphone. Je n'explique rien, je ne lui dis pas que je suis à Toulouse, que mes enfants sont morts, que je m'apprête à me recueillir sur leurs dépouilles, non, je me borne à lui faire remarquer d'une voix monocorde qu'il est nécessaire que ses agents surveillent les lieux de culte juifs dans notre ville. Après tout ce qui s'est passé à Toulouse, il faudra continuer, monsieur le commissaire, êtes-vous d'accord ? Il marmonne quelque chose. Je ne réalise pas combien mes propos sont désaccordés. On doit s'étonner que je ne sanglote pas, ni ne m'évanouisse en hurlant. Mais je pense à mes enfants, je veux les voir, les toucher, les embrasser. Hormis cette quête, le néant.

À l'hôpital, on me guide de salle d'attente en salle d'attente, comme un invité dont on n'aurait pas le temps de s'occuper. Personne ne m'indique où sont les corps de Jonathan et Arié, on ne m'informe pas de la nature des blessures de Gabriel, des modalités de l'opération, des raisons de son décès au bloc. Ma présence silencieuse dérange le ballet de la République en alerte maximale, tous ces policiers, magistrats, élus qui s'affairent. Dans la dernière pièce où je suis prié d'attendre – mais attendre quoi ? – je retrouve Eva et ses parents. Étreinte silencieuse. J'aimerais supplier l'épouse de mon fils, la mère de mes petits-enfants, de tourner la page des Sandler, de quitter cette famille de souffrance, de renouer avec d'autres et vivre ailleurs. Au lieu de cela, je m'assois. Eva, dont le rire nous a ravis quand nous avons fait sa connaissance, est statufiée. Les yeux vides, effondrée sur le fauteuil, elle fixe le sol. Ses parents l'entourent, la nourrissant de gâteaux secs, éperdus de ne pouvoir consoler leur enfant.

En la regardant, je songe que ce matin, ma belle-fille a habillé ses garçons, elle les a aidés à lacer leurs chaussures, a cherché leurs bonnets, elle a fermé leurs cartables, elle a dû leur rappeler de se laver les dents, de finir leurs céréales, de mettre leur bol dans le lave-vaisselle, elle ignore accomplir ces gestes pour la dernière fois. Ce matin d'hiver est celui où la mort décimera sa famille. Eva presse ses fils. Papa doit être à l'heure pour la prière, ses élèves l'attendent, faites vite mes petits. Ils s'embrassent, filent dans l'escalier de l'immeuble, gambadant joyeusement vers le lieu de leur exécution. Comment le monde a-t-il pu basculer en si peu de temps ? Assise entre son père et sa mère hagards, Eva ne bouge pas, livide. S'ils avaient été en retard à l'école, l'assassin ne les aurait peut-être pas exterminés ? Ce soir, ma belle-fille devra expliquer à Liora que plus jamais son papa ne reviendra, que plus jamais Gabriel ne lui chantera une chanson, pas plus qu'Arié ne jouera dans sa chambre. Cette perspective me glace et je voudrais être capable de la prendre dans mes bras et lui dire que je l'affectionne, que j'aime Liora et que je ferai tout pour elles deux. Au lieu de ça, je marche doucement jusqu'à la fenêtre. Devant la vitre, je m'arrête et fixe le parking, mon regard flottant sur ces passants ouvrant leurs portières, rangeant leurs sacs. Je cherche des prières, des paroles tendres. Eva ne pleure pas. Nous sombrons au-delà des larmes.

On m'emmène vers un second établissement médical, quadrillé de policiers en tenue et de nouveau m'est désigné le siège en plastique d'une salle d'attente. Il est environ 14 heures, et le grand rabbin de France, Gilles Bernheim, accompagné de son secrétaire, Moshe Levine, me rejoignent. « Ce serait un attentat de l'extrême droite », murmurent-ils. Ah ? J'apprécie leurs paroles, elles m'éloignent de ma sidération, m'accrochent fugitivement au monde qui s'inquiète, s'informe, ressent de la peur et de la colère, voudrait punir et se venger. « Le rabbin de Toulouse, Harold Weill, assiste à l'autopsie de Jonathan », ajoutent-ils. Et quel soulagement de savoir que cet homme pieux veille sur mon fils, notre religion interdisant les autopsies. Un temps indéfini s'écoule en silence, puis une infirmière m'indique que je peux voir sa dépouille.

Je t'ai trouvé, mon Jonathan. Ta chemise blanche est immaculée et ton visage indemne, hormis ce sparadrap sur la tempe. T'avoir enfin près de moi. Je te regarde. Tu es beau, mon fils. Tous les vendredis soir, quand toi et ta sœur étiez petits, nous récitions la bénédiction des enfants, comme elle me fut soufflée dans mon lit par mes parents. Je la récite pour toi : « Que Dieu te rende l'égal d'Ephraïm et de Manassé. Que l'Éternel te bénisse et te garde. Que l'Éternel fasse luire sa face vers toi et te soit favorable. Que l'Éternel tourne sa face vers toi et te donne la paix. » Je m'approche pour t'embrasser. La froideur de ton cadavre me transperce. Tu es mort, Jonathan. Je regarde tes paupières closes, ta bouche fermée et je me souviens de ton sourire, de ta douceur. Du jour où tu m'as appelé pour m'annoncer que Liora était née. Quoi de plus beau que d'accueillir la vie ? avais-tu ajouté. Est-ce possible que ce soit toi, ce corps allongé sur un brancard en métal ? Tu es mort, Jonathan. Pourquoi suis-je vivant ? N'est-ce pas aux pères de quitter cette terre avant leurs fils ? Un homme, dont je n'avais pas remarqué la présence, se tient soudain à mes côtés et me presse d'en finir. J'ignore ce qu'il veut.

J'approche mes mains de ton corps, j'effleure ta chemise, ta joue. Pas de sang, ni de plaie. C'est impossible que tu sois cet homme raidi, puisque hier tu me parlais, que ce matin tu accompagnais tes fils à l'école. Je devrais te prendre dans mes bras, t'emporter, te ranimer, t'ouvrir grand les yeux et sentir contre mon oreille la chaleur de ton souffle. Mais je suis paralysé et tu continues d'être mort, alors je m'arrache à ta contemplation, comme si une force obscure me tirait vers elle. Pourtant j'étais bien avec toi, mon fils, mon fils mort. Que vont-ils faire de ta dépouille tous ces gens qui ne te connaissent pas, qui n'ont jamais entendu ton rire, qui ne savent pas combien tu chantes faux ? Dis-leur tes prières, mon enfant, parle-leur de Dieu, toi qui l'aimes tant. Je m'incline vers toi, et je m'éloigne. Tu es avec moi. Reviendras-tu, Jonathan ?

Dans le couloir, j'apostrophe un infirmier, lui demandant où sont mes petits-fils. Il m'indique que c'est impossible que je puisse les voir à la morgue, bientôt la dernière navette pour Paris décollera et il faut y aller. Je n'ose pas demander pourquoi je n'ai pas le droit d'aller me recueillir sur leurs corps ; est-ce parce qu'ils sont abîmés ? De nouveau, on me pousse jusqu'à une voiture. La conductrice m'informe être la directrice de l'hôpital et vouloir me déposer à l'aéroport. Je baisse la tête. Tout se fait sans moi. On m'a pris mes enfants et j'obéis. Alors que nous approchons de l'aéroport, me revient l'histoire des juifs en Provence et la cérémonie de la colaphisation. Au XIe siècle, le comte de Toulouse, parfois représenté par un autre noble de la ville, faisait venir un juif dans la cathédrale Saint-Étienne et le giflait en public. Une humiliation en représailles du soufflet – *colaphus* en latin – que le Christ, au cours de sa Passion, reçut sur la Croix. Toulouse, cette jolie ville de France, où mon fils a été pensionnaire puis étudiant, où il a choisi de revenir enseigner la Torah et habiter avec sa famille, Toulouse la rose a autrefois célébré les fêtes chrétiennes en raillant et blessant des juifs, et Jonathan devait connaître cette histoire, lui qui était si lettré. Quittant ce lieu, où mes enfants ont été, ce matin, assassinés, je frissonne en songeant que jamais nous ne connaîtrons la paix. Nos martyrs relèvent de la tradition, spasmes irrépressibles d'une haine millénaire. Comment avons-nous été assez fous pour penser qu'il serait possible d'animer ici et ailleurs des écoles confessionnelles, de porter nos kippas et nos chapeaux hauts dans la rue, de marcher jusqu'à nos synagogues les soirs de shabbat ?

Avions-nous oublié que dès qu'il faudrait expier un mal ou se venger d'un sort, c'était toujours à nous les juifs qu'on s'en prendrait, toujours nous les juifs qu'on giflerait dans les églises ou nous les juifs qu'on éliminerait d'une balle dans la tête ?

Je suis installé dans l'avion me ramenant à Paris, assis entre le grand rabbin, qui lit *L'Équipe*, et son garde du corps, un physicien. Je suis content que cette information me vienne à l'esprit car elle me fournit un sujet, un autre sujet. Ingénieur de l'École des travaux publics, j'ai un doctorat de physique, aussi nous parlons mécanique quantique, énergie et vitesse, force de la fusion et atomes. La routine. À Orly, je ne retrouve plus mon ticket de parking. Je fouille mon manteau, mes poches. Moshe Levine, le secrétaire du grand rabbin, s'approche : « Samuel, ce n'est pas important. Je suis l'aumônier des aéroports, nous trouverons une solution pour sortir la voiture. » Je le remercie. Dans le sous-sol, m'attend Haïm Korsia, le futur grand rabbin de France, il me serre dans ses bras. « Je vous suis sur la route, Samuel, je roule derrière vous. » Pour la première fois depuis ce matin, quelque chose traverse ma carapace, la banalité de ce geste me touche. Roulant sur l'autoroute, je le vois dans mon rétroviseur et je me dis qu'il est gentil. Qu'il prend du temps pour moi. Arrivé à Montrouge, où vivent Jennifer et sa famille et où m'attend ma femme, il m'étreint une fois encore et me quitte. Dans l'appartement plongé dans l'obscurité, nous nous serrons silencieusement les uns les autres et nous couchons. Les petits dorment. Je ne demande pas comment ils ont accueilli la nouvelle de la mort de leurs cousins et de leur oncle. J'observe Myriam, son regard perdu, ses mains tremblantes. Que pourrions-nous nous dire ? Les paroles ont perdu leur sens.

Jonathan, Arié et Gabriel sont morts hier et ce matin le téléphone ne cesse de sonner chez ma fille. L'ambassade d'Israël m'informe que l'enterrement aura lieu à Jérusalem. La compagnie El Al me prie de me présenter le soir même à Roissy. Pourquoi les enterrer en Israël ? Mes aïeux du côté paternel, la branche Sandler, reposent à Mannheim en Allemagne ; ma famille déportée est elle décédée à

Maïdanek et Auschwitz ; et nous sommes français, mes parents et mes grands-parents sont inhumés en France. En Israël, nous n'avons pas de sépulture familiale, pas de maison, pas de racines. Alors qui en a décidé ainsi, sans nous prévenir, sans s'enquérir de notre choix ? Lorsque j'étais enfant et que nous allions au cimetière, ma mère emportait un livre dans lequel étaient écrites à l'encre noire toutes les dates de mariage, de naissance et de décès de notre famille. Je suis le fils de ce livre, pas le fils d'un pays lointain. Pourtant, je me laisse faire, je ne questionne pas mes interlocuteurs directifs. À mes côtés, assis dans un fauteuil du salon, le rabbin de Versailles se propose de me conduire à notre appartement afin que j'y prenne mes affaires et mon passeport, puis il m'emmènera à l'aéroport. Ma femme ne prendra pas l'avion avec moi, elle restera chez ma fille, je refuse qu'elle soit bousculée comme je le suis. Myriam ne me le demande pas d'ailleurs, elle ne parle plus, flottante, perdue. Pour la seconde fois de la journée, le souvenir de ma mère me revient. Elle était absente à l'enterrement de mon père, trop faible avaient estimé ses proches, et cette pensée, incongrue, me réconforte. Comme si j'avais besoin de trouver une justification. Myriam ne doit pas sombrer. Elle et Jennifer viendront à l'aéroport puis elles rentreront s'occuper des petits.

À Roissy, nuée de policiers, cordon de sécurité. Dans la salle qui nous est réservée, je retrouve un ami d'enfance de Jonathan et je souris en le saluant, étonné de sa présence. Haïm Korsia ne me quitte pas. Connaissant ma passion des avions, il me prend par le bras et me guide jusqu'au tarmac où nous attendons l'appareil militaire en provenance de Toulouse. Il y a là ma belle-fille Eva, ses parents, les parents de Myriam Monsonego. L'avion atterrit. Les cercueils, un grand et trois petits, descendent de la carlingue. Les juifs enterrent leurs morts dans des linceuls mais la loi française l'interdit. Du tarmac jusqu'au salon officiel, la garde républicaine forme une haie d'honneur, enserrant la marche lente des quatre cercueils. Je pense à Jeannot, mon cousin germain, mort à Maïdanek à 8 ans. Quand lui, sa mère, son père et notre grand-mère ont été raflés au Havre par la gendarmerie française, puis déportés dans des trains à bestiaux, il n'y avait personne pour les accompagner jusqu'à la mort, et là quand meurent des enfants juifs, la garde républicaine leur rend hommage.

Autour de nous, une foule d'inconnus. Au micro se succèdent des discours, prononcés la voix étranglée, je n'écoute pas. Je regarde les cercueils. D'autres hommes récitent des prières. Je reconnais François Fillon, dont le visage me paraît bouffi, il ne dit rien, je crois qu'il fait un effort pour ne pas pleurer. Et cette idée de nouveau m'insupporte. Ma famille crée trop de douleurs. Le président de la République avance vers moi, me serre la main, il me jure encore qu'on aura ce « barbare », et je voudrais lui dire de trouver un autre mot, mais je lui parle de la rafle de Louveciennes, de ce 22 juillet 1944 où la Gestapo a réveillé trente-trois orphelins dans leur pensionnat, pour les conduire vers l'extermination, et dont seuls trois sont revenus. « Je pensais, lui dis-je, qu'on ne tuerait plus d'enfants juifs chez nous. » Il s'éloigne. Il doit penser que je suis fou, mais je ne sais pas ce qui me prend,

Louveciennes s'est faufilé dans ma bouche, sans que je puisse m'y opposer. Est-ce plus facile de parler de l'été 1944 que de cet hiver 2012, où l'on a tué mes trois enfants, juifs eux aussi ? Michel Mercier, le ministre de la Justice, me chuchote à l'oreille que l'assassin a été identifié mais, sans que j'aie le temps de réagir, de le questionner, on me presse d'enregistrer mon bagage et j'embrasse ma femme, ma fille, et me dirige vers le comptoir El Al. Après une fouille des services de sécurité, je patiente dans le salon VIP. Les chaînes d'information tournent en boucle autour de la tuerie de Toulouse et je regarde, hébété, défiler des photos de mes petits-fils, de mon fils, de ma belle-fille. Ils sont beaux tous les cinq, tellement riants. Soudain à l'écran, le visage de ma sœur Léa Marcou, traductrice, interrogée depuis Jérusalem où elle vit désormais. La tête me tourne.

Pendant l'embarquement, une hôtesse m'informe qu'il n'y a plus de place en classe affaires et je suis placé à côté d'une femme lisant un roman de Katherine Pancol, dont je reconnais la couverture. Cela nous fera un sujet de conversation, me dis-je, rassuré. Un monsieur, portant la tenue des Loubavitch, demande à ce que je sois assis à ses côtés. « Est-il vrai que votre belle-fille Eva est enceinte ? » me questionne-t-il, excité par ma notoriété. La question figure à la une du journal israélien, écrit en hébreu, qu'il tient posé sur ses genoux. Décidément, j'aurais préféré parler des écureuils de Central Park. Depuis l'avant de l'avion, en classe affaires lui, Alain Juppé, ministre des Affaires étrangères, se dirige vers mon siège et me salue. Je lui dis combien les propos de Catherine Ashton, haut représentant de l'Union européenne pour les affaires étrangères, sont déplacés, expliquant que la tuerie de l'école Ozar Hatorah ne serait pas sans lien avec les incidents dans la bande de Gaza par Israël. Il acquiesce. Je sens que cette remarque l'étonne et ne sachant plus trop quoi dire à ce ministre en costume sombre, j'ajoute que mon fils est né à Bordeaux. Silence. Il me fixe, l'information le décontenance et je vois qu'il cherche que me répondre. Ne trouvant pas comment réagir, il me serre la main puis s'en retourne.

Y aurait-il un manuel de conversation dictant aux parents d'enfants assassinés les sujets dont ils peuvent décemment parler ou pas pour être agréables à leurs interlocuteurs ?

Le lendemain, 21 mars, sur une colline pelée, longeant la route qui mène de l'est de Jérusalem à Tel-Aviv, le cimetière de Givat Shaoul s'étend sur des kilomètres. Plus de 400 000 sépultures de pierre blanche s'y bousculent, elles ont envahi les allées au fil du temps, grignoté les pelouses et peu à peu colonisé chaque parcelle de terre sableuse jusqu'à devenir ce dédale de tombes enchevêtrées, où plus une ligne droite ne se laisse deviner. Il est dit chez les prophètes qu'à l'heure où les morts ressusciteront, les premiers à se lever seront ceux qui dorment sous la terre de Jérusalem ; une prophétie qui incite les juifs du monde entier à se faire enterrer sur ce mont. Pénétrant dans ce labyrinthe, je suis étourdi par la profusion de ces stèles, dont la blancheur reflète l'impitoyable soleil. Ébloui, je me retourne pour me situer et j'aperçois depuis le promontoire, surplombant la vallée où oliviers et cyprès se courbent sous le vent, la coupole dorée du dôme du Rocher. On dit que c'est ici qu'Abraham, notre patriarche, construisit un autel pour y sacrifier son fils unique et voici que moi, fils de Moïse et d'Abraham, je m'apprête à porter en terre les corps de mes enfants, trois martyrs que Dieu a rappelés à Lui. Devrais-je envisager la tragédie comme l'expression de la volonté divine ? Je ne sais pas, je refuse, je ne crois plus et je crois…

La chaleur est accablante et autour de moi s'agglutine une multitude d'hommes en chemise blanche et chapeau noir, une nuée d'anonymes qui se balancent en priant et pleurant tandis que des discours s'égrènent. Je les écoute à peine. Mon attention est distraite, volage, je ne parviens ni à me recueillir ni à me concentrer, comme si ma place n'était pas d'être là, debout sur un mont de Jérusalem, accompagnant les dépouilles de mes enfants. Ma sœur Léa se tient à mes côtés. Elle m'attend, droite et tendre. Son étreinte muette me bouleverse. Léa me prend la main, elle me demande qui garde Liora, si Eva est accompagnée par un médecin, comment va Jennifer et si Myriam parvient à dormir. Léa, ma sœur. Léa, qui porta l'étoile jaune.

Les discours s'éternisent, ils m'ennuient et, suffoquant sous mon chapeau, je prends à mon tour la parole pour un dernier hommage, rédigé sur un coin de table. J'évoque mes enfants, leur insouciance et leurs rires, je parle de Jeannot et de ma famille déportée et je remercie les autorités présentes et les responsables politiques ayant fait le déplacement depuis Paris. Puis je rejoins ma sœur, afin d'écouter ceux qui se succèdent au micro. Observant le crâne d'Alain Juppé rougi par le soleil, Léa me chuchote : « S'il tombe malade, on dira encore que c'est de la faute des juifs » et je retiens un fou rire. Christophe Bigot, l'ambassadeur de France, m'a confié avoir vu le ministre pleurer dans la matinée et le regardant, impavide et solennel, debout dans la foule, je me demande s'il m'a rapporté ces confidences pour me faire plaisir, me rassurer ou pour soigner l'image du politique dont il dépend. Je ne ressens rien, rien d'autre que le vide. Un vide dans lequel personne ne peut m'approcher. Je suis ce vide. Est-ce cela le chemin d'épreuve ?

Devant moi, derrière la grille qui sépare les hommes des femmes, Eva chancelle. Ses sœurs la soutiennent, elles la portent pour l'empêcher de tomber contre le sol, mais ma belle-fille s'écroule. Ses mains devant la bouche, l'épouse de Jonathan, la mère de Gabriel et d'Arié, sanglote. Elle geint. Elle est douleur, la mère qui porte en terre ses enfants.

Puis, la foule immense se met en mouvement, entamant la descente jusqu'au lieu où seront enterrés Myriam Monsonego et les miens. Le cimetière est si vaste qu'il faut parcourir près d'un kilomètre pour atteindre le bas de la colline, où une parcelle de terre encore libre nous a été attribuée. Je me réveille, je veux tenir un des trois brancards métalliques où sont allongés leurs linceuls. Je me faufile pour m'en approcher et j'agrippe une poignée. Je veux conduire de mes mains leurs corps jusqu'à leur repos éternel, porter leurs cadavres, enserrer leurs dépouilles, les caresser, les étreindre. Ces trois petits corps que j'ai bercés, consolés, lavés, bordés et embrassés. L'odeur de leurs cheveux, la tiédeur de leurs peaux au réveil, leurs mains salies par les jeux, leurs joues barbouillées et leurs genoux râpeux. Ils sont là mes trois tout-petits, mon fils et mes deux petits-fils. Je serre le manche du brancard comme un fou, je ne sens plus mes doigts, je serre jusqu'à avoir mal. Mais me voici bousculé par la foule, je perds la poignée, je m'efforce d'en agripper une autre, j'y parviens et me voici de nouveau poussé si fort que je bascule et trébuche. Les brancards, désormais tenus par des inconnus, avancent dans la pente raide vers leurs tombes. La poussière me pique la gorge, mon costume sombre m'étouffe. Les grappes humaines m'écrasent et m'ignorent. Mes enfants ! Qu'on me rende mes enfants ! Accordez-moi, vous les anonymes, vous les officiels, vous les pleureurs et les pleureuses, quelques minutes d'intimité. Grondeuse et sourde, la foule serpente. Un jeune homme me tend une bouteille d'eau et passe son bras sous le mien. Je reconnais un ami d'enfance de Jonathan. Sans un mot, nous reprenons la marche, il me tient. Les brancards progressent au loin, au loin d'Eva, leur épouse et leur mère, au loin de moi, leur père et grand-père.

Les linceuls sont posés à même le sol. Des draps blancs, recouverts de terre, entourent les trois cadavres. La famille Monsonego s'est rassemblée dans une autre parcelle, à quelques dizaines de mètres. J'aspire une goulée d'air brûlant et reconnais, sous son grand chapeau noir, Jean-Louis Schwob. Étudiant à Paris, il prenait ses repas au restaurant universitaire tenu par mes parents. Ancien ingénieur au Commissariat à l'énergie atomique de Fontenay-aux-Roses, il officie comme administrateur dans une synagogue orthodoxe de Jérusalem, où j'ai souvent assisté à des offices. Jean-Louis attrape des cailloux avec lesquels il trace sur le sol le futur emplacement des trois tombes. Le silence est épais. Jean-Louis se baisse pour ramasser des pierres, se relève, les pose, repart. Je le regarde. Il a fini et il s'écarte. Dans la poussière de Jérusalem, sont dessinés trois ovales de pierres, en suivant ces tracés les fossoyeurs pourront creuser et ensevelir les corps. Jonathan, Arié et Gabriel sont morts. Inanimés comme ces pierres. Nous prions. Que faire d'autre quand Dieu s'est éclipsé ?

Alors que je quitte le cimetière, un homme me demande si je sais à quelle date hébraïque correspond le jour de leur assassinat. Devant mon silence, il poursuit en m'informant que le 19 mars 2012 correspond au 25 du mois de Adar. Or, le calendrier hébraïque divise la Torah en cinquante-deux péricopes, afin qu'en une année l'intégralité des livres de Moïse ait été lue, soit une péricope par semaine. Le 25 du mois de Adar lui fait aussitôt penser au verset 25 du chapitre 32 du Deutéronome, le chapitre qui coïncide avec la date de naissance de Jonathan, la péricope de son anniversaire donc, mais aussi celle récitée à sa Bar-Mitzvah. Je suis troublé que la date hébraïque de son exécution concorde avec ce verset. Aux trois dates de Jonathan, le même et unique passage de la Torah. Trois événements liés dans notre Saint Livre.

Cette convergence me bouleverse et je voudrais dire à cet inconnu que c'est impossible, il doit faire erreur, je ne veux pas que cette angoissante coïncidence donne du sens à leurs assassinats. Leurs morts ne sont pas les sacrifices annoncés par le prophète. Mon interlocuteur feint de ne pas remarquer mon affolement et me récite un extrait de ce verset :

> Au-dehors l'épée emportera les fils,
> Au-dedans régnera l'épouvante.
> Périront ensemble jeune homme et jeune fille,
> Enfant à la mamelle et homme adulte.

« Au-dehors », le tueur a emporté mes enfants. « Ensemble » ont péri Arié, « le jeune homme », Gabriel, « enfant à la mamelle », ce bambin de 3 ans qui suce sa tétine, « la jeune fille » Myriam Monsonego, 8 ans, et l'« homme adulte », mon fils Jonathan Sandler. « Au-dedans régnera l'épouvante », dans l'école Ozar Hatorah, l'assassin poursuit les élèves, qui s'enfuient et se barricadent. Ces mots me transpercent, je frissonne dans la chaleur torride de cette colline de Jérusalem, méditant ces paroles de guerre et de sang, ce verset de l'effroi et du martyre. Ainsi, tout est écrit. Tout s'accomplit. Ce verset, je l'avais lu tant de fois sans comprendre qu'il m'était adressé et parlait des miens. Dans la fureur d'un matin de mars à Toulouse, sa prophétie s'est accomplie. J'ouvre les yeux, cherchant à réprimer mon vertige mais l'homme s'est volatilisé sans ajouter un mot. La tête me tourne, je ne vois plus Eva qui a dû repartir en voiture avec ses parents. J'aurais voulu lui dire ce que ce monsieur vient de me révéler, que nos morts sont des martyrs, que leurs fins furent annoncées par le Très Haut et qu'en Son nom, ils ont péri. Ce message divin m'honore et, dans le même temps, sa fatalité me révulse, je hais l'idée que le sacrifice de mes enfants ait un sens. Debout sur la terre venteuse de la Ville sainte, alors qu'autour de moi la nuée endeuillée s'éparpille, me reviennent alors les images de la Bar-Mitzvah de Jonathan, le 17 septembre 1994.

Vêtu d'une veste de costume rouge, un peu grande pour sa silhouette dégingandée, mon fils a 13 ans, l'âge où le corps, poussant d'un côté et tiraillant de l'autre, hésite à s'éloigner de l'enfance. Il porte une cravate et c'est la première fois qu'il s'habille comme un homme, comme moi son père et comme son oncle Gérard. À la nuit tombée, les hommes de la famille ont porté Jonathan sur leurs épaules, tandis que face à eux, les femmes faisaient la ronde en tapant dans les mains. Que cette fête est lointaine et comme elle me paraît proche, comme si nous dansions hier et qu'aujourd'hui nous enterrions nos morts. Cette cérémonie, nous l'avons préparée pendant une année. Mon garçon travaille avec opiniâtreté. Il n'est pas facile de lire dans le rouleau de la Torah. L'alphabet hébreu n'a ni voyelle, ni ponctuation. Le jour venu, dans la synagogue bondée, Jonathan lit la péricope de sa date de naissance. Les chapitres 31, 32 et 33 du testament de Moïse, les dernières paroles dites au peuple d'Israël par le prophète. Le châle, offert par sa tante Léa qui le fit tisser à son intention, posé sur les épaules, mon enfant n'hésite pas, ne cognant pas sa langue de petit Français contre ces lettres si peu familières, il lit, sans heurt jusqu'à ce que soudain, sa voix faiblisse, ses yeux s'embuent. Jonathan pleure. Moïse meurt à la page suivante.

Nous ignorons alors que notre fils se consacrera à la religion et étudiera dans une école talmudique, ici à Jérusalem, où il repose désormais. Son choix nous déroute. Chez les Sandler, le culte est une identité, un legs à honorer, il n'est pas – il n'était pas – ce feu ardent qui embrase et ravit. Nous sommes les héritiers d'un courant, peu connu en France, la néo-orthodoxie, une école juive fondée au XIXe siècle, à Francfort en Allemagne, par le rabbin Samson Raphael Hirsch. Cet intellectuel incitait ses fidèles à ne porter aucune tenue spécifique, aucun signe distinctif et les invitait à étudier la Torah, tout en exerçant un métier profane pour nourrir leur famille. Jonathan, élevé dans cet esprit, s'en est éloigné, choisissant de ne se vouer qu'à l'étude du Livre et à son enseignement. Il est le premier de notre lignée à se consacrer à Dieu, pleinement. Le premier à être enterré avec ses fils ici en Israël.

Depuis mon arrivée dans la Ville sainte, je suis hébergé dans la yeshiva Beth Halevy où Jonathan a fait ses études talmudiques. Les conditions sont spartiates, pourtant j'apprécie ces murs de prière, où mon fils a été heureux. Ici chaque banc de bois, chaque pupitre, chaque livre, chaque carreau du sol a été touché, effleuré par lui. Je l'imagine étudiant, psalmodiant, priant et peut-être parfois aussi riant, comme j'entends s'esclaffer à cet instant ses anciens camarades vêtus de noir et portant la barbe longue. Du matin au soir, les visites s'enchaînent. Eva, ma belle-fille, est là, veuve silencieuse. Veuve puisque son époux adoré est mort, mais comment nomme-t-on les mères dont les enfants sont morts ? Là encore, pas de terme pour désigner cette douleur. Défilent, présentant leurs condoléances, des amis d'enfance, des religieux, quelques anonymes et même le président Shimon Peres ainsi que le Premier ministre Benyamin Netanyahou. Eva et moi les écoutons, étrangement réunis dans le deuil et pourtant étrangers dans la singularité de notre souffrance. En me racontant des anecdotes de Jonathan, en évoquant ses bêtises d'enfant, la cabane construite dans l'arbre d'un jardin de Vaucresson, leurs parties de foot sous la pluie et les farces qu'ils firent subir à leurs enseignants, certains de ses camarades me font rire. Eva esquisse parfois un sourire.

Je n'ai pas remarqué que les fauteuils qui nous ont été attribués, à ma belle-fille et moi, sont plus bas que les autres, ni d'ailleurs que nous sommes toujours séparés par une table ; les stricts observants bannissent la proximité entre les hommes et les femmes. Les journalistes bourdonnent et je ne sais comment, ils semblent tous connaître le numéro de mon téléphone portable. TF1 me réclame une exclusivité pour son émission du dimanche soir et me fait jurer de ne parler à personne, la chaîne envoyant un journaliste depuis Paris pour recueillir « mon témoignage ». Le lendemain des assassinats, ma sœur Léa m'avait conjuré : « Parle, Samy, accepte tous les médias et parle. Le monde doit entendre qu'en France, on tue des juifs. » Léa qui, petite fille, a été cachée dans un couvent afin d'échapper aux rafles sait que notre tragédie est infinie. Nous devons le dire au monde, si pressé d'oublier le sort qui nous est fait.

Une jeune femme blonde entre dans la yeshiva. Sa fine silhouette me rappelle le voyage à New York que je fis enfant. Dans le bus de Manhattan, une passagère était montée, un foulard noué sous le menton et je l'avais observée, émerveillé par son élégance. « Elle doit être française », m'étais-je dit et cette pensée m'avait rassuré. S'il y avait, outre ma famille, une autre Française dans le bus, tout irait bien, on ne s'en prendrait pas aux juifs français Sandler, aux juifs qui voyagent. La visiteuse de la yeshiva me parle et sa voix me ramène au présent, à Jérusalem. Je l'entends me raconter qu'elle est journaliste, qu'elle voudrait un entretien et que c'est pour la radio, suis-je d'accord ? Je bafouille avoir promis à TF1 de me taire, j'ai donné une exclusivité sur mon chagrin, elle insiste. Je ne peux pas lui dire que j'ai accepté l'offre de la télévision uniquement parce que son journaliste s'appelle Demaizière et que c'était le nom de la secrétaire de l'école Ozar Hatorah de Toulouse qui enregistra, voici quinze ans, l'inscription de Jonathan en seconde. Cette journaliste de radio me prendrait pour un fou si je lui disais que je m'accroche à ces coïncidences afin de faire mes choix, qui n'en sont pas.

La semaine de deuil achevée, je rentre en France. Myriam m'accueille, soulagée de ne plus être seule. Elle me raconte les visites, nombreuses, de nos voisins, de ses amies, les paroles de condoléances embarrassées et ces mots affectueux, dérisoires, qui n'atteignent pas son cœur meurtri. Malgré les somnifères que son médecin lui prescrit, elle ne dort quasiment plus. Je la prends dans mes bras. Le lendemain, je reprends mon travail, convaincu que la discipline du quotidien m'empêchera de sombrer. La tête occupée par les calculs et les réunions, je ne pense à rien. Mes collègues m'accueillent avec gêne, ils ont écrit des lettres, posées en mon absence sur le bureau, mais ils me fuient, craignant sans doute de ne pas trouver les mots justes. Le deuil est une peste.

Le soir, je lis les dizaines de lettres adressées à mon épouse et à moi-même. Les enfants d'une école catholique de Versailles m'envoient des dessins, des coloriages et des poèmes. Le colonel des pompiers m'écrit qu'il ne supporte pas que mes enfants aient été tués, il voudrait les avoir sauvés. En découvrant ces courriers, je suis, pour la première fois, submergé par le chagrin. Assis à la table de notre salle à manger, moi dont, depuis sept jours, le cœur était fermé et les yeux secs, me voici pleurant devant ces piles de condoléances naïves et tendres. La compassion de ces inconnus, leur tristesse, leur désarroi m'étranglent. Emporté, la tête cachée entre mes bras, je pleure. Myriam s'approche. Nous nous retrouvons dans les larmes et je sens ma femme rassurée de me voir revenir dans le cercle meurtri des humains, de ceux qui acceptent de s'effondrer quand la peine les accable. Merci à Toi, Dieu Très Saint, de m'avoir enfin ouvert à ma peine, à notre peine ; ces larmes me ressuscitent, elles me ramènent à la vie, à notre vie, ce deuil sans fin. Je voudrais répondre à chacun de ces courriers, mais je renonce. Que leur dire ?

L'hôtel de préfecture de Versailles, construit derrière les Grandes Écuries, est un bâtiment prestigieux, dont l'opulence concorde avec celle du château, son voisin. Résidence du roi de Prusse, la bâtisse fut, durant huit ans, le siège de l'État français, quand Adolphe Thiers s'y installa pour fuir la Commune. Tandis que Myriam et moi-même nous annonçons à l'employé de l'accueil, installé au pied de l'escalier d'honneur, je suis saisi par les tableaux de maître, les colonnes cannelées et les lustres aux mille pampilles de cristal. J'apprécie que notre République nous manifeste tant d'attention. Le préfet, Michel Jau, nous reçoit à dîner dans sa salle à manger privée, il nous parle comme un ami et sa compassion fraternelle m'émeut. Dans sa conversation, j'entends la peine du représentant de l'État, affligé que celui-ci n'ait pas été capable de protéger ses enfants de la haine antisémite. Son épouse Marie-France et lui-même nous inviteront souvent à leur table et, nommés dans le Limousin, ils continueront de nous témoigner leur amitié inquiète.

Vincent Lesclous, le procureur de la République de Versailles, fait de même. Lors d'un de ces repas, j'en profite pour lui confier combien me révulse le silence autour de la déportation des trente-trois orphelins de Louveciennes. Cette rafle m'obsède, car, bien que documentée dans les livres d'histoire, elle n'est jamais évoquée, peu commémorée, et que la bonne ville de Versailles, tout comme ses voisines, les communes huppées des Yvelines, s'accommodent volontiers, me semble-t-il, de cet oubli. Hormis notre petite communauté de la synagogue de la rue Albert-Joly, qui sait qu'en 1944, des officiers nazis ont pris la route de Louveciennes, la ville des peintres impressionnistes et de la duchesse du Barry, qu'ils ont traversé en silence le parc boisé et pentu autour de l'orphelinat en pierre de taille, qu'ayant contourné le clocher puis fracassé la porte d'entrée, ils ont réveillé en hurlant trente-trois enfants endormis dans l'unique dortoir, ainsi que leurs trois instituteurs, et que, sous la menace de leurs armes, surveillés par leurs chiens, ils les ont fait monter dans un autocar, puis les ont conduits jusqu'à Drancy ?

Ces deux événements, l'exécution de ma famille et celle de ces orphelins, forment une chaîne, funeste, impitoyable. À l'été 1944, on tuait en France des enfants parce qu'ils étaient juifs et, en 2015, on tue en France mes enfants parce qu'ils sont juifs.

Le procureur m'écoute avec affliction. Ayant été magistrat instructeur dans le procès par contumace d'Alois Brunner, Vincent Lesclous me donnera quelque temps plus tard les documents concernant la rafle de Louveciennes. Parmi ces papiers, je trouve ce courrier portant le numéro 40515. Le 3 mai 1944, le Hauptsturmführer SS Alois Brunner écrit au responsable des affaires juives de Limoges: «J'ai constaté qu'à Limoges, 6 rue Geniol, au rez-de-chaussée, existait un bureau UGIF, où l'on travaille encore. Les directeurs de ce bureau seraient les juifs Dreyfus et Spielmann. Je vous prie de vérifier si ce bureau existe vraiment puis – dans l'affirmative – de procéder à l'arrestation des juifs et d'adresser le fichier existant à Drancy. Il serait peut-être bon d'occuper le bureau pendant quelques jours afin de se saisir des juifs pouvant s'y rendre.»

Le conditionnel est un leurre. En poste depuis un an dans la capitale française quand il rédige cet ordre, Alois Brunner, le bras droit d'Adolf Eichmann, est chargé par Berlin d'intensifier la déportation des juifs de France en accélérant le rythme des rafles par la gendarmerie française. Dans le même temps, il dirige le camp d'internement de Drancy. S'il orthographie mal l'adresse de l'immeuble, il sait en revanche que des juifs y animent une antenne de l'UGIF, l'Union générale des israélites de France. Or, c'est au troisième étage du 6 rue Gaignolle, que mes parents, ma tante, ma grande sœur et mes grands-parents habitent alors. C'est là que mon père et ma mère, Robert et Henriette Sandler, seront arrêtés. Ma tante, ma sœur aînée et mes grands-parents échapperont à la rafle je ne sais comment. Vertige de découvrir que le sort de mes parents, qui parviendront à s'échapper, était consigné dans le dossier des trente-trois martyrs de Louveciennes. Il fallut que mon fils et mes petits-fils soient tués pour que ce lien, obscurément deviné par mon cœur, surgisse. La guerre contre les miens n'a jamais cessé, elle a juste repris son souffle pendant soixante-dix ans, avant de nous frapper de nouveau.

Cinq ans après les assassinats, je fais la connaissance de mon éditeur et je lui raconte à grands traits la vie de la famille Sandler. Je lui fais part de la coïncidence entre ce verset 25 du chapitre 32 et la tuerie de Toulouse. Ensemble, nous lisons le passage dans le Deutéronome, « au-dedans règne l'épouvante », puis nous évoquons ce projet de livre. À vrai dire, je n'ai jamais pensé écrire, l'exercice ne m'étant pas familier, moi l'ingénieur, homme de chiffres et de plans. Depuis le premier jour de deuil, j'accepte toutes les invitations pouvant honorer la mémoire des trois Sandler et des quatre autres victimes du tueur. Je parle à la télévision, à la radio, dans les journaux, les synagogues, les églises, les écoles et les casernes. Je prends la parole aux réunions du Consistoire, je me rends à chaque colloque, congrès ou débat. Dès que possible, je témoigne afin que les Français sachent que Jonathan, Arié et Gabriel sont morts, un monstre a choisi de tuer des juifs. Mais un livre, je n'y ai pas pensé. L'éditeur reprend la Bible et lit le verset suivant la péricope de Jonathan :

> J'ai dit : je les réduirai bien en poussière,
> J'abolirai leur souvenir parmi les hommes.

« Monsieur Sandler, écrivez afin que leur souvenir et leurs prénoms ne soient jamais abolis parmi les hommes. » Le combat n'est jamais fini. N'est-il pas écrit dans la Bible que la lumière du méchant doit s'éteindre ? En donnant aux miens cette sépulture écrite, j'allume à jamais la flamme de leurs mémoires.

Tout est inscrit depuis trois millénaires dans le chapitre 32, verset 25, du cinquième livre de Moïse, le seul homme à avoir parlé face à face avec le Créateur sur le mont Sinaï. À l'heure de sa mort, le prophète savait que mes enfants périraient. Il l'a dicté à mes ancêtres et aujourd'hui il me commande de leur rendre hommage ici dans ces pages, avec simplicité et une sorte de douceur. Le judaïsme est mémoire. Celle des Patriarches et de l'Alliance avec Dieu, celle de la sortie d'Égypte et du jour de la destruction des deux Temples, celle d'Amalek qui attaqua le peuple d'Israël et prit le dessus sur Moïse jusqu'à ce que le bras du prophète soit soutenu par Aaron et Hour. Dans la liturgie ashkénaze de Yom Kippour, le jour du grand pardon, nous récitons la prière du souvenir des disparus, le Yizkor, implorant Dieu à la mémoire parfaite de ne pas oublier le passage sur terre de nos défunts. Conserver le souvenir de mon fils, de mes deux petits-fils, est un devoir. J'écrirai pour faire de la malédiction un mensonge. Un récit contre l'anéantissement dans la poussière. De l'encre pour conjurer le sang versé.

Ce livre est leur stèle, le parchemin où leurs rires, leurs chants, leurs pleurs et nos hésitations ne s'effaceront jamais, la fresque où mes enfants tués, mon cousin déporté, mes grands-parents pourchassés, mon père traqué, ma mère internée et ma sœur cachée prendront chair aux côtés de mon épouse, de ma fille, de ma belle-fille, de mes petits-enfants survivants et de ceux à naître, de mes amis, de mes professeurs, de nos élus, de mes frères juifs, catholiques, protestants, athées et musulmans. La chorale des morts et des vivants.

Je veux priver de nom celui qui nous a privés de vie. Je ne prononce pas ces syllabes maudites, comme je ne raconterai ici ni son parcours, ni sa mort, ni l'enquête ou les polémiques. Qu'on ne se souvienne que de ses victimes. Qu'à leur mémoire de martyrs, on érige des stèles, on nomme des rues, on inaugure des squares, on prononce des oraisons, on déclame des éloges, on récite des prières. Qu'ils vivent dans nos paysages, dans nos livres et que leurs noms sans fin soient loués. Pas le sien.

Hélas, depuis ces assassinats, il y a bientôt six ans, notre pays, enjôlé dans un paradoxe morbide, semble trouver plus intéressant de comprendre la vie du tueur et de sa famille que d'évoquer celle de ses proies. Sur les planches du festival d'Avignon, dans les journaux, dans les reportages et les documentaires, partout son existence est mise en scène, analysée, parfois avec une sorte d'excitation ; les beaux esprits tentant de comprendre pourquoi, comment, quand et avec qui. L'assassin aurait-il eu une enfance difficile ? Une famille dysfonctionnelle ? On relève l'absence du père, le désarroi de la mère illettrée, la violence quotidienne, on insiste sur le mal des banlieues, la paupérisation de ces quartiers où le chômage ronge. On note qu'enfant le tueur a souffert à l'école, on s'étonne qu'il ait été si poli avec son avocat, quand il fut interpellé la première fois pour des délits mineurs. Depuis 2012, le criminel s'agite et occupe nos esprits, il nous nargue. Pendant ce temps, qui évoque Abel Chennouf et Mohamed Legouad, soldats du 17e régiment du génie parachutiste de Montauban ? Qui pense au martyre que vit leur camarade, Loïc Liber, paraplégique, soigné dans une chambre de l'hôpital des Invalides ? Qui songe à la vie qu'aurait eue le militaire Imad Ibn Ziaten si l'assassin ne l'avait pas abattu à proximité d'un gymnase d'une cité toulousaine ? Qui imagine grandir la blonde Myriam Monsonego, dont le cartable contenait ses chaussons de danse ? Qui pense à Gabriel, à Arié et à Jonathan, les trois derniers à porter le nom des Sandler ?

J'ai 12 ans et mon père m'a acheté un blouson vert kaki, il est content de sa trouvaille et je l'enfile. Ma mère arrive, elle m'ôte le vêtement, le jette et se tourne, le visage blême, vers mon père : « Robert comment as-tu pu lui acheter ça ? Cette couleur, Robert ? As-tu perdu la tête ? » Je ne comprends rien, le blouson vert kaki a disparu et ma mère se tait.

Assis à l'avant de la berline familiale, mes parents et moi visitons des cathédrales et les châteaux de la Loire. Entre les deux sièges, ma mère a posé des coussins et une couverture. Ma place. Sur ce trône, à l'abri dans l'habitacle, je l'écoute me raconter l'histoire de la France, les rois, les reines et les écrivains ou les philosophes. La voiture, c'est le seul endroit où ma famille est chez elle, ces voyages, les rares instants où ma peur se dissipe. Je n'ai aucune raison d'avoir peur, moi, le Sandler né en 1946 à Paris. Or tout me terrorise. Quand mes parents m'emmènent le dimanche chiner aux Puces, je pleure que les bohémiens vont m'attraper. Pour me consoler, nous dégustons une glace « chez Pons », place Edmond-Rostand. Maurice, mon grand-père, s'impatiente. Il doit penser que je ne mérite pas mes angoisses.

Maurice Sandler est né à Tauroggen en Prusse-Orientale, aux confins de la Lituanie, où dans les années 1890 il gère un négoce de cuirs. Soudain, pour une raison que j'ignore – fuyait-il un pogrom ? – il rejoint, avec ses parents et sa fratrie, le sud de l'Allemagne, où il épouse Clémentine Metzger, la fille d'une ancienne famille juive de la vallée rhénane. N'étant pas autorisés à habiter en ville, là où sonne à 22 heures la *Judenglocke*, la cloche du couvre-feu des juifs, mes grands-parents s'installent à la campagne, près de Mannheim, où naît mon père, Robert. En 1932, celui-ci épouse Henriette Ledermann, la fille d'un riche commerçant rhénan en pain azyme, le premier de sa commune à rouler en calèche. Le jeune ménage s'installe à Mannheim, dans le berceau récent des Sandler. Les affaires sont bonnes. Mes parents vivent confortablement, car mon père, fou de travail et de mécanique, possède et dirige deux fonderies de vieux métaux. Mes parents et ma sœur aînée Léa, née l'année suivant leur mariage, occupent un appartement spacieux avec du personnel à demeure. Dans le garage, mon père bichonne une Chevrolet, une Buick et un coupé Mercedes décapotable.

La sœur de ma mère, ma tante Minna Ledermann, a elle aussi quitté l'Allemagne pour suivre au Havre son mari. André Loeb est français et il y dirige une entreprise florissante d'import-export de fruits et légumes secs. Minna et André Loeb ont un fils unique, mon cousin Jeannot. À ce moment de notre histoire familiale, entre Mannheim et Le Havre, je ne suis pas encore né, moi l'enfant de l'après-guerre.

Dans la vallée allemande du Rhin, le couple Sandler se croit heureux, savourant sa prospérité. Lorsqu'en 1937, le ministre de la Propagande du Reich, Joseph Goebbels, tonne à la radio que les juifs n'auront bientôt pour toute fortune qu'un *Rucksack*, un sac à dos, mon père feint de ne rien avoir entendu et somme ma mère de cesser de s'inquiéter. Qui pourrait s'en prendre à d'honnêtes bourgeois qui participent à l'essor de l'économie allemande ? Seulement, un matin, la Gestapo frappe à la porte de la maison des jeunes époux ; elle cherche mon père. Ma mère répond ne pas savoir où il se trouve, peut-être dans une de ses usines, chez un client, un fournisseur, comment savoir… Cette fois, Robert Sandler, qui se cachait derrière la porte, ne hausse plus les épaules, il comprend qu'il doit fuir très vite et échafaude un plan risqué. Les juifs allemands n'ayant plus le droit de transférer de l'argent à l'étranger, mon père fait fondre des pièces d'argent en deux candélabres. Puis, profitant de l'Exposition universelle de Paris, il demande au fonctionnaire chargé des visas une autorisation pour s'y rendre au nom de son entreprise de fonderie. L'employé lui accorde le laissez-passer et, toute mon enfance, j'entendrai parler de ce monsieur moustachu dont on ne sut jamais s'il voulut aider l'industriel juif ou s'il le crut vraiment assez fou pour se lancer en 1937 à la conquête de nouveaux contrats. Muni d'un visa, ses candélabres dans un sac à dos, le *Rucksack* promis par Goebbels, mon père demande à son chauffeur de le déposer à Kehl, près de la frontière, d'où il traverse à pied le Rhin pour gagner la France. Ici, la Gestapo ne le pourchassera pas.

Ma mère et ma sœur Léa, qui a alors 4 ans, sont restées à Mannheim, afin de ne pas alerter la police nazie. Quelques jours après la fuite réussie de mon père, elles prennent le train pour Bâle, en Suisse, n'emportant avec elles qu'un sac à main et un pique-nique. Dans cette gare suisse, le quai à destination de la France se situe en face de celui où arrivent les trains en provenance d'Allemagne. Henriette et Léa Sandler n'ont qu'à changer de quai, sans avoir à réclamer un visa. Laissant derrière elles toute leur vie, ma mère et sa fille montent dans un train pour la France. Le stratagème fonctionne, elles rejoignent la sœur de ma mère, la famille Loeb, au Havre, convaincues d'être désormais à l'abri. C'est là, chez ma tante Minna, mon cousin Jeannot et mon oncle André, que mon père les rejoint peu après, suivi quelque temps plus tard de mes grands-parents paternels. Je n'ai jamais su comment mes grands-parents, Maurice et Clémentine, et leur fille, ma tante Blanche, étaient parvenus à quitter l'Allemagne, et je n'ai jamais posé la question. En revanche, je me souviens de mon grand-père me racontant après la guerre comment il avait converti leur fortune en pièces d'or, qu'il avait ensuite cachées dans ses talons et dans les souliers de ma grand-mère. Pour unique bagage, mon aïeul emporta le Sefer Torah, les cinq livres de Moïse. Durant la Nuit de cristal, il les avait sauvés de l'incendie de la synagogue de leur village proche de Mannheim.

Ces rouleaux sont dans mon salon. Je n'ai plus de fils à qui les donner. J'étais le premier des Sandler à être né en France. Je suis le dernier des Sandler à y vivre.

Au Havre, la famille Loeb occupe, dans le quartier Sainte-Adresse, une belle villa qui fut celle de la reine Marie-Amélie du Portugal. Sous les ordres d'André son beau-frère, mon père, l'ancien directeur de deux usines, le collectionneur de voitures américaines, porte désormais des sacs de lentilles et de fèves. André Loeb ne craint rien en cette année 1938. N'a-t-il pas servi comme officier français pendant la dernière guerre ? Lorsque la France déclare la guerre à l'Allemagne, mon père s'inquiète. De nationalité allemande, ne parlant pas le français, il sera considéré comme un ennemi et risque la prison. Ma sœur Léa ne parle qu'allemand elle aussi et si elle a cessé de faire la révérence aux instituteurs, comme elle en avait pris l'habitude dans son école de Mannheim, elle continue de prononcer « Qui de Maupassant », ce qui amuse ses amies normandes. Le 13 juin 1940, les troupes allemandes occupent Le Havre.

Chez les Loeb, Jeannot joue aux soldats de plomb. Ma tante Minna et son mari se laissent convaincre de cacher leur fils, ils ont compris qu'être français ne les protégeait plus. Leurs amis, les époux Blouin, les pressent de les laisser adopter leur garçon, ils le feront baptiser et ils l'abriteront en leur foyer, dissimulant ainsi qu'il est juif. Minna et André Loeb acceptent et se séparent de Jeannot, qui habite désormais chez les Blouin. L'enfant est circoncis, certes, mais tous se convainquent que jamais, au grand jamais, la police française n'ira jusqu'à baisser les culottes des enfants. Quelques mois plus tard, en 1943, les trois Loeb et ma grand-mère maternelle Pauline sont arrêtés. J'ignore les circonstances de leurs interpellations, je ne sais pas qui a dénoncé les Blouin, comment Jeannot a été trahi et par qui, comment, mon oncle et ma tante ont été raflés. En revanche, je sais où tous les quatre sont morts. Gazés.

Quand j'étais petit garçon, chaque année vers le mois de novembre, mes parents se souciaient de ce qu'ils offriraient aux Blouin pour Noël. Nous partions en famille faire la tournée des grands magasins parisiens, à la recherche d'un présent digne et l'affaire était ennuyeuse. Nous les connaissions peu, je sentais chez mon père ce souci de trouver un cadeau à la fois énorme et simple, une tentative dérisoire de leur dire que nous ne pourrions jamais assez les remercier d'avoir tout tenté pour sauver

Jeannot, le petit cousin adopté, baptisé et caché au péril de leur vie. L'impossible cadeau – un compromis, l'objet de conversations hésitantes – enfin trouvé, nous partions pour Le Havre. Je recevais chaque année un bateau en bois ou un sous-marin de la marque Jep. J'avais l'âge où ils connurent mon cousin. L'âge où mon cousin fut assassiné. Madame Blouin pleurait en me regardant grandir.

Après avoir servi, de 1939 à 1940, comme « prestataire » dans l'armée française, Robert, mon père, est interné au camp de Saint-Germain-les-Belles, en Haute-Vienne. Ma tante Blanche et ma mère sont prisonnières du camp de Gurs, dans le sud de la France. Là encore, je ne sais pas quand et où ils ont été arrêtés, je ne sais même pas où est alors cachée Léa, ma grande sœur. Notre histoire familiale est un récit maudit, impossible. Mes parents n'ont jamais pu me le confier et toute ma vie, cette chronologie béante m'a miné et terrorisé. Sans que je sache comment, donc, ma famille se retrouve à Limoges, en zone libre, rue Gaignolle, une ruelle étroite qui donne sur la rue du Clocher. Le jeune rabbin Deutsch, en charge du petit séminaire israélite de Limoges, demande à ma mère et à ma tante Blanche de préparer des repas pour ses élèves. Dans leur appartement, au troisième étage du numéro 6 de la rue, ma mère, ma grand-mère et ma tante cuisinent. Au deuxième étage habite la famille Grünewald, éditeurs du calendrier hébraïque. En dessous réside une couturière. Les séminaristes, bientôt rejoints par des réfugiés juifs, font la queue dans la cage d'escalier de l'immeuble à l'heure du déjeuner. Quand leur tour arrive, ils entrent dans l'appartement. Une pièce fait office de salle à manger, mes grands-parents y dorment la nuit. Au fond, deux pièces en enfilade, les chambres de ma mère et de ma sœur.

À l'aube, ma tante Blanche part au marché, puis ma mère et mes grands-parents épluchent, cuisent, coupent, râpent, tranchent et mitonnent une centaine de repas cachères. Des choucroutes, de la purée de châtaignes, des pommes de terre, parfois des saucisses. Les repas ne sont servis qu'à midi. À la nuit tombée, les juifs ont peur de se déplacer. Quand les trains s'arrêtent en gare de

Limoges, ma mère et ma tante se rendent sur le quai et tendent aux déportés des biberons pour les bébés et des poignées de châtaignes blanchies. Mon père n'est pas là, il s'est enfui de son camp de rétention et se cache dans la campagne limousine, passant d'une ferme à l'autre, là où les agriculteurs acceptent de l'abriter en échange de travaux. Le 6 de la rue Gaignolle se fait connaître sous le nom de « restaurant économique » et les descentes de police y sont fréquentes. Les fonctionnaires demandent si Untel est là, puis ils repartent, n'ayant jamais l'idée de fouiller les pièces du fond ; là, dans le fumet de la soupe de poireaux, un homme des EIF, Éclaireurs israélites de France, fabrique de faux papiers d'identité pour les juifs en fuite.

Léa est bonne élève, elle obtient le premier prix au concours de rédaction. Ses maîtres l'ont convoquée, ils l'ont félicitée puis ils lui ont dit qu'ils allaient la déclasser, elle ne serait que troisième au concours car il n'est pas envisageable qu'une juive allemande obtienne la première place de composition française et soit présentée à Pétain. Léa n'a rien répondu.

Un jour qu'elle rentre de l'école, une voisine l'arrête et la tire vers l'intérieur de son épicerie. « Ne rentre pas chez toi, petite, les Allemands sont là ! » Avertis eux aussi, ma mère, ma tante et mes grands-parents ont eu le temps de se cacher, mais leur restaurant cachère est désormais fermé.

Limoges devient zone occupée. Mes parents sont internés dans le camp de Nexon. Ma sœur est envoyée au couvent du Bon Pasteur, où les sœurs la cachent sous le nom de Léontine Sand. Elle n'assiste pas aux cours, les sœurs redoutant qu'une camarade relève son accent allemand, aussi passe-t-elle la journée avec la sœur jardinière dans le potager. Elle ne rentre au couvent que le soir.

J'ignore les détails de leur fuite, je sais seulement que mes parents réussissent à sauter d'un train qui les conduisait de Nexon vers un autre camp d'internement. Ils rejoignent leur fille et leurs parents à Limoges. Lorsque Léa se casse un bras, la mère supérieure demande à ma mère de la reprendre. Ma famille se terre, passant d'une salle paroissiale infestée de rats, pour laquelle elle s'acquitte d'un loyer faramineux, à un atelier de mécanique, qu'elle quitte lorsque le jour se lève, par peur des nazis clients de ce garage. Toute la journée, les Sandler errent dans la campagne, attendant la nuit pour se faufiler entre les pneus et les établis. La *Judenglocke* sonne dans la campagne française occupée.

Mon père travaille dans des fermes. Durant l'été 1943, ayant examiné le calendrier lunaire juif, il avertit le paysan que la lune sera bientôt nouvelle et qu'il devrait pleuvoir, on ferait bien de rentrer les foins. Une vache tombe malade, mon père consigne sur un graphique sa courbe de fièvre. Le vétérinaire s'extasie devant ce tracé, grâce à quoi le fermier tient désormais mon père pour un Raspoutine caché dans sa grange. On lui adresse les enfants malades, le bétail fiévreux, on lui montre les fractures, on lui présente les infections et mon père l'ingénieur tente du mieux qu'il peut d'inventer des remèdes. Seulement le paysan, affolé de la notoriété de ce sorcier clandestin, exige qu'il quitte son exploitation.

En août 1944, Limoges est libéré. Ma mère apprend que sa propre mère, sa sœur Minna et son beau-frère André Loeb, leur fils Jeannot, 8 ans, caché chez les Blouin, ont été assassinés à Maïdanek. La branche française de ma famille a été décimée. La nôtre, celle qui a fui l'Allemagne nazie, a survécu. Jamais ma mère ne me parlera de l'extermination des siens. Jamais plus, elle ne rira. J'ai 10 ans quand ma sœur Léa entreprend de me raconter les camps de la mort. Elle voudrait que je comprenne pourquoi ma mère est toujours triste mais qu'elle ne sait plus pleurer. Bien des années plus tard, mon tour viendra de ne plus savoir comment pleurer mes morts.

Mes parents, mon grand-père et ma sœur arrivent à Paris en 1946, ayant entendu parler d'un restaurant israélite, rue de Médicis, au rez-de-chaussée d'un immeuble appartenant à la famille du compositeur Francis Poulenc. Ils sonnent à la réception d'un hôtel, rue Casimir-Delavigne dans le VIe arrondissement. Constatant que ma mère est enceinte, la propriétaire, Germaine Defrance, hésite à les accueillir puis accepte de leur louer quatre chambres. Quelques semaines plus tard, je nais dans une clinique de Neuilly. Cet hôtel est l'unique maison de mon enfance. J'y arrive nouveau-né et lorsqu'à 13 ans, je fais ma Bar-Mitzvah, nous y habitons encore. La chambre 14, c'est celle de Léa. La 15, la mienne. Mes parents occupent la 12, mon grand-père Sandler la 5 – ma grand-mère, elle, est morte à Limoges. Je me souviens du vitrail dans l'entrée et de ma joie quand une ampoule électrique y fait briller les oiseaux. Dans le hall, une petite table où je m'installe pour dessiner. Le jour, mes parents travaillent au restaurant israélite, rue de Médicis, ma sœur est à l'école, mon grand-père se promène et moi j'attends dans l'hôtel, ma maison, qui n'est ni la mienne, ni la nôtre, mais celle où s'arrêtent des touristes, des représentants de commerce, des couples illégitimes. Depuis ma chambre, j'entends madame Defrance dire à la femme de ménage : « Montez voir, y a le petit du 12 qui crie » et Simone me prend dans ses bras et me calme avec un chocolat Suchard.

Une enfance à l'hôtel, jamais un repas pris en famille, jamais un petit déjeuner partagé dans l'intimité, jamais une pièce où nous aurions pu poser nos meubles, choisir nos rideaux, recevoir des amis. Nous n'avons que des vêtements, des livres et des valises. Mes parents trouvent la solution pratique, car je suis gardé tandis qu'ils travaillent tous les jours. Simone Leclerc n'est pas juive, elle, elle me l'a dit en m'emmenant à la messe des chrétiens. Lui parler est facile, car elle me répond sans souffrir de mes questions, aussi j'ose lui demander tout ce que je suis incapable de formuler devant mes parents aux yeux tristes. Simone, c'est quoi déporté ? « Mon petit Samy, déportés ce sont les enfants juifs que les soldats nazis ont attrapés et tués. » J'ai 7 ans. Si l'on attrape et tue les enfants juifs, ne devrais-je pas avoir peur ?

Chaque année, nous partons en Allemagne. Mon père a rendez-vous avec son avocat, qui négocie des réparations en dédommagement de ses biens spoliés, puis nous nous recueillons au cimetière. Lorsque mes parents reconnaissent un ami, ils sortent le saluer et je reste assis entre leurs deux sièges tandis qu'autour de moi, les enfants s'agglutinent, curieux d'approcher notre voiture peu courante dans les villages rhénans en ces années d'après-guerre. Ils me pointent du doigt, tapent sur la vitre, et crient : « Der Franzose, der Franzose ! » Depuis mon siège, je leur souris. Voici peu, ils auraient crié : « Der Jude, der Jude ! »

Madame Defrance et Simone me cajolent et je passe mes journées à les regarder balayer, faire les lits, tenir les registres et bavarder. Dès l'aube, mon père part aux Halles puis au marché de viande de la porte de la Villette, tandis que ma mère ouvre « Le foyer israélite », où sont servis des centaines de repas cachères. Leur clientèle est miséreuse, cohorte de juifs affamés, parmi lesquels Elie Wiesel, étudiant à Paris, ou Jean-Louis Schwob, le physicien rabbin que je retrouverai des décennies plus tard à Jérusalem. Je reste à l'hôtel, assis sur le tapis râpeux de l'escalier, examinant les clients, les écoutant marcher dans le couloir. Quand ils partent, je fouille leurs chambres afin d'y grappiller les vestiges de leur passage à Paris. Trésor que ces journaux froissés, ces cartes postales oubliées, paquets de cigarettes vides et jetons de vestiaire. Dès qu'elle a du temps, Simone me prend avec elle. Elle sait bien que je suis juif et respecte ma religion, mais elle est heureuse de m'emmener dans ses promenades, de me faire visiter Paris, et aussi je crois, fière de tenir un enfant par la main. Nous marchons jusqu'à la chapelle de la Médaille miraculeuse, rue du Bac, où je l'observe s'agenouiller les yeux clos et les mains jointes, devant le corps embaumé de la sainte. Cette pièce caverneuse, éclairée de rangées de lumignons, m'effraie, mais je ne dis rien à Simone, qui me caresse les cheveux en m'expliquant que ce cadavre peut accomplir des miracles. Les jours de congé, nous rendons visite à ses parents dans un village de l'Oise, où les oies et les poules me chicanent. Parfois, c'est madame Defrance qui m'emmène loin de l'hôtel. Nous partons à Beauvais, où habite sa famille. Le repas achevé, je trottine à ses côtés jusqu'à la cathédrale, où j'observe ses gestes accomplis en silence. L'eau dont elle s'asperge en pénétrant dans ce bâtiment, ses pas traînants jusqu'à la chapelle où se trouve l'horloge astronomique. Elle prie à genoux, pendant que j'attends le carillon de l'heure pleine. Soudain jaillissent des anges à trompette, qui indiquent à la vertu le chemin vers le paradis, tandis qu'une figure maléfique, le visage hideux, conduit le vice vers les enfers. Ce diable bondissant me terrorise, mais je le guette, frissonnant. Il parvient à déconcentrer madame Defrance qui se relève et regarde à son tour l'ingénieux spectacle. L'horloge de nouveau muette, elle me promet une sucrerie pour me remercier d'avoir été si sage et, sortant de la cathédrale, m'explique que l'eau bénite lave des péchés et sanctifie tout ce qu'on fait. C'est étrange ce culte des miracles. Moi, j'ai cessé d'y croire.

Dans les pièces tristes de l'hôtel, je me sens à l'abri. Depuis ma table posée dans l'entrée, j'écoute le bruit étouffé des pas sur les tapis, observant la poussière voleter entre les tentures. La sonnette de cuivre somnole en attendant les clients. Ici les bohémiens ne viendront pas m'attraper. Le samedi, mon père et mon grand-père m'emmènent à la synagogue de la rue Vauquelin. Le dimanche, un élève rabbin m'enseigne l'alphabet hébraïque dans ma chambre. J'ai 5 ans lorsqu'un médecin me diagnostique un manque de calcium et on m'envoie en Suisse, au mont Pèlerin, dans un home d'enfants israélite. Léa m'accompagne. S'embêtant à mes côtés, elle part tous les matins avec le funiculaire rejoindre des amis à Vevey. Trois séjours de suite, je me soigne en m'ennuyant ferme. Lors de mon dernier départ, mon père me promet qu'à mon retour nous aurons une 15-Chevaux. Il tient parole. Puis à l'été 1955, les parents achètent un hôtel à La Baule, qu'ils transforment en établissement cachère pour les vacances d'été. Fin juin, installé entre les sièges avant de notre grande voiture, nous partons pour deux mois sur la côte atlantique.

Je me promène sur la plage, jouant à empiler des coquillages dans des cercles tracés sur le sable humide, en attendant la cloche du repas. Jamais je ne me dis que c'est étonnant que mon père et ma mère ne sachent que travailler, comme s'ils redoutaient de disparaître en interrompant leur course fébrile. Je ne m'étonne pas plus que nous n'habitions que des hôtels. Mes parents se croient-ils interdits d'avoir une maison à eux depuis que la Gestapo les a chassés de la leur, à Mannheim ?

Le jour de ma rentrée en cours préparatoire à l'école publique, ma sœur, majeure depuis peu, m'accompagne et se charge d'annoncer au directeur que je viendrai le samedi mais que je n'écrirai pas parce que c'est shabbat. Le directeur ne répond rien, il prend note. En avril 1957, la reine d'Angleterre visite Paris, les deux meilleurs élèves de chaque classe sont désignés pour agiter des drapeaux sur le passage de son cortège, boulevard Saint-Germain. Fort de mes bonnes notes, me sachant premier à tous les carnets depuis la rentrée, je me réjouis de voir pour la première fois une vraie reine. Hélas, l'instituteur m'explique que ce mois-ci je ne serai que troisième dans le classement. Privé de reine. Je pense à Léa et à son concours de composition pendant la guerre, à Pétain, aux camps. Rien ne change. Mes parents veulent que j'apprenne à être juif dans la République et ils ne me consolent pas quand je leur annonce être interdit de défilé. C'est le prix à payer.

Aux récréations, un élève à lunettes se fait tabasser et traiter de « youpin », mais personne ne me cherche noise à moi, l'autre juif de l'école communale. Pourquoi Marc prend-il des coups et pas moi ? Serait-ce parce qu'en plus d'avoir un patronyme juif, il porte des lunettes et qu'il joue mal au ballon ? Quoi qu'il en soit, leur méchanceté antisémite m'épargne et je ne sais pas à quoi je dois cette mansuétude. D'autant que je ne suis pas sûr que j'aurais été capable de me défendre, ou que je l'aurais voulu.

1957. J'ai 10 ans. Les soldats de plomb sont éparpillés sur le tapis. Dans ma tête, les plans de bataille se bousculent. Si je mets les rouges contre les bleus, alignant les uns le long du lit et les autres, ordonnés en triangle, en face, je pourrai lancer l'assaut. Je m'allonge pour les poser en équilibre, puis je me ravise et soulève l'angle du tapis, mes soldats tiendront mieux sur les lattes du parquet. Je bouge lentement, évitant de les faire tomber en les effleurant de ma manche. Le bruit des baïonnettes, le chant des clairons, les tirs de canon, le hennissement des chevaux de la cavalerie anglaise et les râles des assaillants s'emparent de ma chambre, théâtre d'une bataille dont les morts se relèvent, tandis que les blessés cicatrisent et que les soldats fraternisent. Le jeu a ses exigences. Des caporaux hurlent des ordres dans une langue inconnue, que moi seul maîtrise, la criant à tue-tête sur mes soldats de plomb. Ma figurine préférée est un horse guard dont la tunique rouge écaillée brille malgré sa vétusté. Son cheval est perdu mais j'aime ce cavalier au casque doré. Il est invincible. Je le jette dans les rangs ennemis. Il parle français et les caporaux n'ont qu'à bien se tenir.

Soudain, là où entre les lattes cirées s'étendent des tranchées boueuses, se plantent les souliers sombres de ma mère. Je ne l'ai pas entendue entrer. « Samy, fais attention à ce soldat, c'est celui de ton cousin Jeannot, tu sais bien. » Je marmonne. Maman ferme la porte. Je sauve mon horse guard de la mêlée. Je ne connais pas mon cousin Jeannot. Il est mort. Je sais en revanche à quoi il ressemblait, car sa photo encadrée est accrochée au-dessus du lit de mes parents. Jeannot est sacré et ce soldat de plomb l'est aussi puisque c'était le sien avant d'être le mien. Dès que je le sors de sa caisse, un adulte se dresse devant moi : « Fais attention au soldat de plomb de Jeannot. » Le horse guard retourne sur le coin de tapis plié et, de haut, toise la piétaille caracolant sous mon lit.

Qui était ce Jeannot si précieux ? « Ton cousin déporté », m'a-t-on répondu. « L'unique fils de tante Minna et d'oncle André, tu sais bien, notre famille du Havre. » La Shoah est une évidence. Elle nous dévore, mais elle ne se raconte pas. J'ai toujours su que j'étais juif.

J'ai 71 ans et dans l'étagère de mon salon, le horse guard de Jeannot m'observe. Il est inconsolable, comme moi. De plomb, comme moi. Et raide, comme moi depuis le 19 mars 2012. Soixante-quinze ans après que son propriétaire a été raflé par la police française, enfermé dans un wagon scellé, gazé dans un camp de concentration et son corps brûlé dans un four, je pensais que plus jamais dans notre pays, on ne tuerait des enfants parce qu'ils sont juifs. Je me trompais.

Mon père affirme se sentir français, mais il n'achète que des produits allemands. Son appareil photo est un Leica, mon train électrique un Märklin et ma bicyclette vient d'Allemagne, elle aussi. Ma mère doit lui traduire les courriers, les journaux et les livres. Entre eux, ils ne parlent que la langue de la vallée rhénane, un allemand figé, dans lequel ils transportent comme autant de vestiges des mots juifs, pas vraiment du yiddish, mais des expressions singulières, intraduisibles, des mots de ma famille, rien qu'à elle, rien qu'à nous, les survivants. Jamais, je ne les entends rire. Ils travaillent et parlent allemand, la langue de Mannheim. Deux fois par an, mon père conduit ma mère dans des boutiques du passage du Lido, dont ils reviennent avec des robes neuves que ma mère accroche en silence dans l'armoire de sa chambre d'hôtel.

Le dimanche, alors que le foyer israélite est fermé, ils offrent leurs services de traiteur pour des réceptions. Seul dans l'hôtel, je révise mes leçons d'hébreu. J'ai 11 ans quand ils me proposent de les accompagner afin de les aider à installer les tables, dans un hôtel particulier près du Trocadéro. La nuit tombe, mes parents me pressent de repartir, je prends le métro seul et j'ai peur. Arrivé dans ma chambre, je suis assailli d'une angoisse telle que je traverse de nouveau la Seine pour les retrouver chez la comtesse du quartier du Trocadéro. Mon père me gronde. « Mais de quoi un enfant comme toi peut-il avoir peur ? » se lamente-t-il. De tout ce que vous avez vécu, maman et toi. De ce que Jeannot a vu en sortant du wagon à bestiaux, des baraquements où tante Minna a inspiré le gaz mortel, de tout ce que je devine et que vous me taisez. De tout ce que je sais et qui vous dévore en silence. Mais je ne dis rien, bien sûr, et reviens à l'hôtel. Les bohémiens ne prennent pas le métro à l'heure de la *Judenglocke*.

Quand j'entre au collège, je suis inscrit dans un établissement confessionnel, rue Claude-Bernard. Léa a suivi, elle, tout son secondaire à Fénelon, dans le public. Pourquoi ce choix ? Madame Kohn, secrétaire du lycée juif de la rue Claude-Bernard, veuve à l'allure sévère, prend ses déjeuners au restaurant universitaire israélite de mes parents et leur a fait remarquer que scolariser leurs deux enfants dans le public pourrait donner à croire qu'ils ont honte d'être juifs. Mes parents se laissent fléchir.

À l'âge où mes camarades commencent à boire en cachette et fumer dans le jardin du Luxembourg, je ne rêve que d'avoir un rond de serviette. J'adore cet objet. Le signe d'une existence stable, de l'enracinement. En 1957, Léa se marie. J'hérite de sa chambre, qui m'enchante car elle y a laissé sa radio et sa bibliothèque tournante. Son fils Michel naît myopathe et les médecins lui annoncent qu'il ne vivra pas longtemps et ne marchera jamais. Je ne les crois pas. Quand je n'ai pas classe, je tiens compagnie à Michel, le promenant dans sa chaise roulante, et je me dis que bientôt nous avancerons lui et moi bras dessus bras dessous. Aujourd'hui encore, bien que Michel soit mort, je le crois. Dans nos promenades, Jonathan nous accompagnera, Arié trottinera devant nous, Gabriel sera sur mes épaules et Jeannot s'appuiera sur mon bras. Mes enfants reviennent, Michel marche, ma maman rit, Jeannot vit. Nous avons nos ronds de serviette sur cette terre.

Nous quittons l'hôtel de la rue Casimir-Delavigne. Nous louons un appartement, rue Monsieur-le-Prince, à Paris. Notre première vraie maison. J'apprécie d'avoir, enfin, un toit, des meubles, des habitudes, d'occuper pour la première fois de ma vie une chambre sans numéro sur la porte et sans inconnus croisés dans le couloir.

Pour la Pâque juive, je rejoins ma tante Blanche en Alsace, car mes parents n'ont pas le temps de la célébrer en famille, trop occupés à nourrir leurs étudiants. J'ai 15 ans, nous sommes en 1963 et je me soustrais au séjour pascal en Alsace, prétextant des devoirs scolaires. Je préfère passer les fêtes dans ma chambre. Soudain, la certitude que mon père va mourir me vrille et, bien que ce soit interdit, je décroche le téléphone et j'appelle le restaurant universitaire où, seconde entorse à la règle, quelqu'un décroche et m'informe que mon père a subi une attaque cardiaque mais qu'il est vivant. Étrange prescience. Comme si la mort m'avait commandé de refuser l'invitation de ma tante Blanche, m'avait poussé à enfreindre les règles du shabbat et des jours de fête. Comme si la mort s'adressait à moi, particulièrement.

En juin, j'accompagne mon père chez le docteur Deutsch, le neveu du mari de ma tante Blanche, qui l'examine en lui tenant des propos rassurants. Quand nous descendons l'escalier, le médecin me fait signe de remonter. Il me chuchote à l'oreille de faire attention à lui.

Le 3 août, alors que nous sommes installés pour la saison sur la côte atlantique, Robert Sandler ne se réveille pas. Son cœur s'est arrêté. Quelques semaines plus tard, ma mère vend l'hôtel de La Baule, qu'elle ne peut plus faire tourner sans son mari.

Elle et moi habitons ce grand appartement bourgeois, dans lequel notre quotidien n'est qu'égarement. Maman oublie de faire les courses, elle se perd entre la cuisine et le salon, elle sème les factures. Elle dérive. Le soir, en silence, nous dînons de café au lait et de tartines. Les placards sont vides. Ma mère, qui aura passé sa vie d'adulte à cuisiner pour des inconnus, ne me prépare plus de repas. Nous avons de l'argent, je ne dois pas m'inquiéter mais seulement prendre le relais, nourrir ma mère, la surveiller, l'abriter. Je découvre à mon tour les commerçants cachères de la rue des Rosiers et m'essaie à quelques rudiments de cuisine. J'ai 17 ans. Dès qu'elle peut laisser quelques instants son fils handicapé, ma sœur nous rend visite. « Maman perd la tête », me confie-t-elle, soucieuse. Elle se trompe, ma mère ne l'a pas perdue, elle a choisi d'éteindre sa mémoire, d'oublier ses cauchemars que mon père n'est plus là pour l'aider à porter. Son esprit rejoint celui de sa mère gazée, de sa sœur assassinée et du petit Jeannot, il erre, en leur compagnie, dans les cendres glacées d'une forêt de l'Allemagne nazie. Un cortège de morts a envahi notre appartement, rue Monsieur-le-Prince.

Et si j'étudiais l'histoire ? Ma sœur et mon beau-frère me le déconseillent, ingénieur serait plus sûr et puis ingénieur c'est le métier de mon père, celui qu'il a été forcé d'abandonner pour porter des sacs de lentilles. Ingénieur donc, pour réparer la lignée, pour consoler mon père et rebâtir ses usines.

En colonie de vacances organisée par le Relais juif, je rencontre une Bordelaise, Myriam. Sa famille m'enchante, une ribambelle joyeuse de cousins, de tantes et d'oncles, que la mort n'a pas décimée. Ils ne pratiquent pas la religion juive et m'emmènent au restaurant où, intimidé devant ce menu pas cachère, je commande du poisson. Je n'ai jamais mangé dans un restaurant, moi, l'enfant grandi dans une chambre d'hôtel. Leur chaleur m'enveloppe. Parmi eux, je vais enfin recevoir un rond de serviette.

Nous nous marions. Diplômé de l'École des travaux publics, je poursuis en obtenant un doctorat en physique, apprenant l'hébreu en cours du soir aux Langues orientales. Ma femme découvre les règles contraignantes de la cuisine cachère et celles intangibles du shabbat, cette lente journée où le croyant ne prend pas de voiture, n'allume pas l'électricité, ne cuit pas ses repas, ne téléphone pas, suspendant son quotidien pour le vouer à la prière et au repos. Au directeur du séminaire israélite de la rue Vauquelin, le grand rabbin Henri Schilli, elle demande à quoi sert la religion.

« Elle permet aux juifs d'exister comme juifs », lui répond-il.

Je mange cachère, je célèbre les fêtes juives, je me rends à la synagogue, je pratique. Suis-je pour autant convaincu de l'existence d'un Dieu créateur, persuadé que la foi du peuple d'Israël est la seule vraie ? Je ne sais pas, mais quitte à me faire traiter de sale juif, autant l'être vraiment. En dehors des prières, je ne cite jamais Dieu. Une superstition copiée de ma mère et transmise à mon fils. Jonathan en riait quand je lui disais qu'il ne servait à rien d'invoquer le nom du Tout-Puissant dans la vie quotidienne, car Il nous a créés libres et maîtres de nos destinées à l'exception des « trois M » que sont la maladie, la mort et la météo, les seuls domaines pour lesquels il est permis de prier le nom très saint. À ceux qui me demandent aujourd'hui si j'ai encore la foi – il faut se justifier de croire en Dieu quand le sort vous accable, alors qu'il n'est pas demandé à un athée comment il supporte le drame –, je réponds que la religion me sert de rails. L'analogie est malheureuse pour un juif dont les parents ont fui l'Allemagne nazie, mais je ne peux m'empêcher d'utiliser cette image. Je ne vois qu'elle : la religion me conduit droit, tout droit. Impossible de descendre, interdit de bifurquer. Reposant de ne pas avoir à questionner sa route.

Myriam fait des fausses couches. Le médecin lui explique qu'elle « tue » ses embryons et la violence de ce diagnostic, qui n'en est pas un, m'indigne mais je ne dis rien. Par lui soignée, ma femme attend bientôt Jennifer, qui vient au monde en août 1978 à Bordeaux, où nous habitons, près de sa famille. En octobre 1981, naît Jonathan, qui lui s'est lové sans difficulté dans le ventre de ma femme. On me propose deux emplois. L'un à l'hôpital de Bordeaux et l'autre à la Société européenne de propulsion, une entreprise d'aéronautique, qui construit des moteurs de missiles. Des années plus tard, je regretterai d'avoir choisi un travail dans l'aéronautique, dont la finalité est de lancer des armes. Habilité secret défense, je travaille sur la discrétion radar et retrouve dans cette entreprise de haute technologie l'antisémitisme doucereux déjà croisé à l'école primaire, mais dans les années 1980. À la cantine, j'entends ces directeurs se demander pourquoi alors qu'il y a 1 % de juifs en France, nous serions 12 % dans les grandes écoles. Son voisin lui répond, entre deux bouchées, que les juifs, on a beau les chasser par la porte, ils reviennent par la fenêtre.

Jonathan a 5 ans quand nous déménageons en région parisienne, au Chesnay. Mon fils rit tout le temps. Quand il casse un bibelot, il répète, confiant, que « papa va coller, papa va coller ». Lui et Jennifer sont scolarisés à l'école primaire de la commune, je veux qu'ils apprennent à être juifs dans le monde. Pourtant lorsqu'à 15 ans, Jonathan finit son collège à l'école Maïmonide de Boulogne, ses enseignants nous recommandent de le mettre en internat, c'est un élève agréable mais distrait, « ailleurs », disent-ils. Ozar Hatorah, le trésor de la Torah, est une institution fondée en 1945 afin de donner aux enfants une éducation juive orthodoxe. Sous contrat avec l'État, ces établissements fournissent en sus du programme scolaire de l'Éducation nationale dix heures d'histoire du peuple juif et de religion. L'établissement fait envie à Jonathan, qui nous réclame une vie plus religieuse. Je reproduis ainsi pour mon fils le schéma scolaire contradictoire que mes parents m'imposèrent. Vouloir une scolarité publique, puis finalement opter pour une école confessionnelle. Je dépose Jonathan en voiture à Toulouse, l'installe dans la pièce où nous rangeons ses vêtements dans une armoire métallique. Jonathan examine la pièce avec optimisme, il tourne son bureau vers la fenêtre en m'indiquant qu'il bénéficiera ainsi d'une meilleure lumière. Il sourit. En le quittant, je pleure.

Quand il revient à la maison pour les vacances scolaires, sa mère et moi nous réjouissons de le voir heureux. Ses notes progressent, il obtient son bac sans difficulté et s'inscrit en faculté d'économie, toujours à Toulouse. Deux étés de suite, il part étudier dans une école talmudique, aux États-Unis, puis en Israël. La première année de sa licence, je donne une conférence à l'École supérieure d'aéronautique. Nous sommes convenus de nous retrouver pour dîner. Mon discours achevé, j'apprends qu'il a tenté de me joindre à plusieurs reprises. Cela ne lui ressemble pas du tout de me déranger alors qu'il sait que je ne pourrai pas décrocher mon téléphone. Je le rappelle. Il est agité. « J'ai un problème avec shabbat, j'ai un examen ce jour-là. J'ai dit à mon professeur que je ne pouvais pas écrire le samedi, je lui ai demandé de composer à une autre date. Il m'a répondu que si je n'étais pas content je n'avais qu'à partir en Israël. Papa, je vais partir », me dit-il. Jonathan ne veut rien entendre à mes supplications. J'insiste pour qu'il finisse sa licence, qu'il aille au terme de son cursus, mais il refuse, préférant abandonner l'université et se consacrer à la religion. Il est résolu. En dernier recours, je plaide pour qu'il étudie dans une vraie école rabbinique, une institution officielle délivrant des diplômes de théologie, formant un corps rabbinique reconnu, habilité à diriger une communauté de fidèles. Mais Jonathan choisit une yeshiva, une école talmudique, à Jérusalem, où l'on étudie les textes sans se soumettre à des examens officiels. J'appelle la veuve de mon ancien professeur de Talmud en lui demandant ce qu'elle pense de cette formation, elle rit en me recommandant de ne pas m'inquiéter : « Ton fils deviendra gendre », sous-entendant qu'il passera sa vie à commenter la Torah tandis que son épouse, elle, travaillera pour nourrir la famille, aidée en cela par les dons financiers de ses propres parents. Sa mère et moi laissons faire. À chacune de ses visites, nous mesurons sa satisfaction paisible, la douceur de son regard et la bienveillance de ses propos. Ses paroles tendres, sa piété nous rassurent ; notre fils vit dans la compagnie du Tout-Puissant. En 2004, il nous annonce qu'à son prochain passage, il ne sera plus seul.

Jonathan a rencontré Eva, une Française brune et toujours joyeuse. Eva a grandi en banlieue parisienne, entourée de cinq sœurs et deux frères. Nous adoptons de bon cœur cette jeune femme aux yeux pétillants, dont la famille pratique un judaïsme plus strict que le nôtre. Le « Wort », la cérémonie de fiançailles traditionnelles, a lieu à Jérusalem, suivie du mariage à Versailles. Les hommes en chapeau et les femmes portant la perruque dînent puis dansent dans deux salles distinctes, et je me souviens de mes beaux-parents bordelais,

Rachel et Alex, un peu perdus d'être ainsi séparés, s'interrogeant à voix basse sur ces coutumes d'un autre âge. Le jeune couple observe strictement toutes les exigences religieuses et à chacune de leurs visites, Myriam et moi nous nous faisons gentiment sermonner. Nos couverts n'ont pas été trempés avant leur première utilisation dans le bain rituel, notre viande n'est pas « glatt », label cachère certifiant que les poumons de l'animal sont lisses et sans défaut. Ma femme soupire, mais ces remarques sont exprimées avec gentillesse et nous faisons avec.

À Jérusalem, Jonathan et Eva louent un petit appartement. Notre belle-fille travaille dans un magasin d'objets de culte, tandis que notre fils, bénéficiaire d'une bourse, étudie et enseigne aux élèves de sa yeshiva. Il est ce qu'on appelle un « Kollel-man », un homme marié étudiant la Torah tandis que sa femme gagne l'argent du foyer. La veuve de mon professeur n'avait pas tort en lui prédisant une vie de gendre. Arié vient au monde, magnifique garçon aux yeux noirs. Trois ans plus tard naît Gabriel. J'ai dans mon portefeuille, et dans mon téléphone portable, la photo de mes deux petits, prise dans un studio. Installés dans un décor champêtre, vêtus de vestes en tweed et de casquettes en velours, Arié et Gabriel dardent leur regard noir sur l'objectif. Je devine qu'ils ont réprimé un fou rire d'être ainsi déguisés.

En septembre 2011, le directeur de l'école Ozar Hatorah contacte Jonathan, son ancien élève, désormais père de trois enfants, Arié, Gabriel et Liora, la petite dernière, née en 2010. Monsieur Monsonego lui propose un poste de professeur et lui promet à terme la direction adjointe de l'établissement. Voudraient-ils rentrer en France pour éduquer dans la foi des petits Français de religion juive ? Eva et Jonathan acceptent. Ils quittent Jérusalem et le plus fou, le plus triste, c'est que ma femme et moi nous sommes rassurés d'apprendre que désormais ils vivront dans un pays sûr, loin de la guerre au Proche-Orient. En France, dans notre République laïque et paisible, rien ne peut leur arriver. Installés à Toulouse, Eva et Jonathan envisagent de donner naissance à un quatrième enfant.

Quand Jonathan était petit, le jour de shabbat, nous marchions jusqu'à la synagogue de Versailles. Depuis notre appartement, il fallait compter une trentaine de minutes pour parcourir ce chemin. Nous partions tous les deux bien en avance, puis nous traversions Le Chesnay jusqu'à parvenir place de la Loi, où nous nous dirigions vers la rue Albert-Joly. Nous aimions ce trajet du samedi, ce rituel qui nous appartenait, car Myriam et Jennifer faisaient, elles, souvent une halte dans le lobby du Novotel. Ces matins-là, malgré la pluie, le vent, l'inconfort parfois, nous nous confiions des secrets, échangions nos pensées. Mon fils m'ouvrait son cœur et nous parlions de Dieu. La synagogue, dont le grand-père de Claude Lévi-Strauss fut le rabbin, est un bâtiment élégant, construit à la fin du XIXe, décoré de boiseries sombres. Dans la pièce où les enfants reçoivent leur enseignement, mon fils installait sa table, rangeant les livres, les crayons, les cahiers puis, quand tout était propre, il poussait une seconde chaise à côté de la sienne.

Un jour, l'enseignante de Talmud Torah lui a demandé pourquoi il mettait deux chaises. Mon fils lui a répondu que si Dieu était partout, il fallait bien qu'il lui prépare un endroit où il puisse s'installer. Quand Arié, son fils aîné, a su marcher, nous sommes partis tous les trois à pied pour l'office de Versailles. Tandis que je faisais la lecture, Arié me tenait la main. Les Sandler n'avaient plus de raison d'avoir peur. Nous avions nos ronds de serviette partout sur la terre, de Jérusalem à Versailles.

En octobre 2017, cinq ans après l'exécution de mes enfants, s'ouvre devant la cour d'assises spéciale de Paris, le procès du frère de l'assassin. Quinze jours auparavant, nous sommes invités à visiter la salle et à formuler des demandes. La mienne est de ne pas croiser la famille de l'assassin quand celle-ci sera appelée à témoigner, ma requête est notée. Les trois nuits précédant le début des audiences, je ne dors plus, inquiet de découvrir le visage de l'accusé. La possibilité qu'il puisse être innocenté m'angoisse, car je le sais défendu par un ténor du barreau, un avocat doué et tonitruant, et les paroles apaisantes des trois conseils m'entourant n'y peuvent mais. Comme pour l'enterrement à

Jérusalem, mon épouse ne manifeste pas le souhait de m'accompagner, elle se sait fragile nerveusement, secouée par la mort récente de sa mère. Je n'insiste pas et, pour la ménager, je fais mine d'envisager ce procès comme une formalité, une joute juridique m'important peu et à laquelle je me rendrais par devoir et sans aucune émotion. Je le dis si souvent à Myriam que je finis par m'en persuader.

Le premier jour, j'arrive en avance. Il y a 232 parties civiles : des associations, des parents d'élèves et puis nous, bloc disparate qu'unissent le deuil et la rage, cinq familles ayant perdu l'un des leurs. La mère, le père, la sœur et les frères d'Imad Ibn Ziaten. Les parents Chennouf et leur belle-fille Caroline, la jeune épouse d'Abel était enceinte de sept mois quand l'assassin a tué son mari, Eden leur fils ne connaîtra jamais son père. La famille Legouad et ses trois filles. Les Monsonego sont absents. Nous nous asseyons les uns à côtés des autres, soudés pour un mois d'épouvante.

Assis sur les bancs réservés, je regarde les hautes fenêtres, le plafond ou le dos de la jeune femme assise devant moi, cherchant à ne pas croiser le regard de cet homme jugé pour complicité d'assassinat en relation avec une entreprise terroriste. Vêtu d'un survêtement de sport blanc – la couleur du prophète – il porte une barbe taillée et des cheveux mi-longs tirés en arrière. Vautré sur son siège, la tête posée entre ses bras accoudés sur la table, il toise, narquois, le public. Sa présence m'irrite. Je me sens barbouillé, ma peau me pique et j'ai l'impression que ce type silencieux me nargue. Ce corps affalé me provoque, il me semble qu'il rit de mon chagrin et d'emblée, je lui voue une haine folle, féroce. Pour la première fois de ma vie, je ressens l'envie physique d'en découdre, de balancer mon poing dans son visage sardonique, de lui cracher dessus. Une rage bestiale, inconnue, m'agite. J'ai du mal à ne pas bouger sur mon siège, mes jambes s'agitent, je serre les mains jusqu'à avoir mal. Le président du jury entre, l'assistance se lève. Les témoins, invités dans les jours prochains à déposer, sont appelés.

Entre une minuscule femme, voilée. La mère de l'assassin de mon fils et de mes petits-fils. La mère aussi de l'homme qu'on juge, son frère. Mon cœur s'arrête de battre, une nausée m'envahit. Pourquoi avoir pris la peine de me demander si j'avais des requêtes particulières pour ce procès si c'est pour bafouer mon unique souhait ? Pourquoi n'ai-je pas été averti qu'elle viendrait ce matin ? Pourquoi subir la vue de cette personne ? Je cherche vainement du regard mes avocats, qui sont plongés dans leurs dossiers et ne lèvent pas le nez. J'essaie de respirer, je tourne la tête vers les familles endeuillées, guettant d'elles un sourire, un signe, mais statufiées sur leurs bancs, elles ne me répondent pas, absorbées dans leurs tourments.

La femme traverse la salle, elle passe devant le box où son fils est installé, elle marque un temps d'arrêt, tapote affectueusement sur la vitre, le salue et lui adresse un baiser de la main. Auquel il répond. C'est insoutenable.

J'écrase mes paumes l'une contre l'autre, des taches noires dansent devant mes yeux, je me sens défaillir. Ce sourire échangé entre la mère et le frère du tueur, leur tendresse, leur complicité, la vie dont ils disposent, cette vie qu'ils me jettent à la figure, à moi dont trois des miens sont des linceuls blancs enterrés sous la poussière, me révulse. Je voudrais les rouer de coups. Tandis que la petite femme repart, passant à quelques centimètres de ma chaise, je bondis et lui jette à la figure : « Tas de merde, tas de merde ! » Elle se retourne et me toise. J'explose. Mon cœur hurle et je répète encore : « Tas de merde, tas de merde. » Je voudrais maintenant le hurler, crier debout sur le banc, attraper ces magistrats impassibles et les secouer pour qu'ils me donnent raison et la chassent, elle, la mère du diable et de son frère. Quoi, cette femme embrasse son fils, elle peut le voir, lui sourire, lui faire un signe, l'aimer et l'attendre et moi, mes enfants ? « Tas de merde, tas de merde », je le répète, le psalmodie, j'éclate de rage.

Je n'en peux plus d'être le gentil juif dont on a assassiné les enfants et qui, depuis, donne des conférences et prononce des discours sur la réconciliation et la paix, je ne veux plus être ce doux grand-père, figure de la communauté israélite de Versailles, qui passe ses soirées dans des réunions associatives à disserter sur les bienfaits du dialogue entre les religions. Foutaise. C'est fini le Samuel Sandler que rien n'ébranle, qui jamais ne pleure ni ne crie. J'exècre cette femme, son voile, sa famille, sa haine. Elle et ses fils, tas de merde. Qu'on en finisse avec ces assassins d'enfants juifs.

Dans les bancs, c'est l'agitation. Un gendarme s'approche, me demandant de me calmer. « On a tué mes enfants, monsieur, on a tué mes enfants ! » lui dis-je, écœuré d'avoir à me justifier. Il me tapote l'épaule et je me rassois. Prostré. Le président continue de lire ses documents, d'appeler les autres témoins. La femme du justiciable arrive et reproduit ce même geste affectueux sur la vitre du box des accusés. La regardant, je sens que tout en moi se casse et je me lève. Mes jambes flageolent, je l'injurie, l'agonis de mots orduriers. Aussitôt le gendarme revient et cette fois m'invite à le suivre mais la famille Ibn Ziaten l'interpelle. S'il m'oblige à quitter l'audience, ils nous suivront et abandonneront le procès. Gêné, le gendarme hésite et je choisis de ne pas faire d'esclandre en l'accompagnant vers le hall, où je tente de retrouver mon souffle. Comment pourrais-je tenir un mois ?

Ne plus venir, rester enfermé à prier, laisser ce procès suivre son cours, ne pas observer la meute des caméras traquant la larme sur nos visages, ne plus endurer le regard impassible de l'accusé, ne pas supporter les envolées de son avocat, cesser de voir ce ballet obscène des journalistes collant la grande robe noire du fameux plaideur jusqu'à la porte des toilettes, quémandant une de ses formules ciselées, et lui souriant, ravis, quand il les abreuve. Fuir. Dormir. Pleurer. Éviter le face-à-face avec l'ignoble. Ne pas entendre leurs mensonges. M'épargner le récit de leurs abominations. Je ne peux pas. Je ne peux plus.

Et pourtant, chaque matin, je reviens. À l'entrée du Palais de justice, les gendarmes me fouillent en palpant mes poches, ma sacoche passe aux rayons X. Avant de pénétrer dans la salle Voltaire, la nôtre, je dois subir une seconde fouille et j'ai du mal à contenir ma colère. Puis je m'installe sur le banc en évitant les yeux noirs du frère maudit. Je ne peux pas abandonner mes enfants, laisser leur mémoire être ici évoquée par des personnes qui ne les connaissent pas, qui ne les pleurent pas, sans être là, moi leur père et grand-père. J'écoute la description clinique de leurs blessures, j'imagine les veines jaillissant de leurs cheveux encore chauds d'un lit à peine quitté, j'entends leurs râles chuchotés, leurs souffles saccadés s'éteignant. Je dois, pour eux. Comment pourrais-je laisser les destinées de Gabriel, Arié et Jonathan errer dans cette cour d'assises sans moi pour les y aimer encore ? Je ne déserterai pas la scène de l'agonie des miens. Je suis là, mes tout-petits, je suis là quand vos noms sont prononcés, vos derniers instants examinés, je me tiens à vos côtés.

Au dix-huitième jour du procès, je réalise avoir ignoré le déroulé précis de l'exécution des miens. Ces six dernières années, j'ai pourtant lu les journaux et regardé les reportages, j'ai rencontré des magistrats, des policiers, j'ai vu des ministres et j'ai été reçu par Nicolas

Sarkozy et par François Hollande. Eh bien, personne ne m'avait décrit précisément les faits. Ont-ils pensé qu'ils me ménageaient en ne me disant pas l'exacte vérité sur la mort des miens ? Ou bien se fichaient-ils de savoir lequel d'entre eux était mort le premier et lequel avait rendu l'âme en dernier ? Ont-ils pensé, tous ces responsables, ces importants, ces officiels, que c'était un détail pour moi de savoir que mes petits-enfants n'avaient pas vu leur père tué ? Moi que cette scène obsède et accapare, moi que cette agonie habite et étouffe, je me trompais. Rien ne s'est passé comme je l'ai cru et je ne le comprends qu'au dix-huitième jour de procès, en écoutant, tremblant sur mon siège, les témoins.

André Schroun est le père d'enfants scolarisés à l'école Ozar Hatorah, il devait conduire les plus jeunes enfants jusqu'à l'école maternelle, plus loin, quelque part dans Toulouse. Il n'y a jamais eu de navette, juste une tournée volontaire que se répartissent les familles entre elles, prenant à tour de rôle leur voiture. André Schroun est en retard ce matin du 19 mars 2012, un tout petit peu, quelques minutes, trois fois rien, la faute à un réveil tardif, une circulation dense, aléas du quotidien. Cet intervalle infime est celui durant lequel l'assassin exécute ses quatre victimes. Devant la cour d'assises spéciale tétanisée, André Schroun raconte comment, tapi dans sa voiture avec d'autres enfants, il a vu le tueur, vêtu d'un blouson noir, chercher des petits. Son pas s'est arrêté dès que son regard s'est porté sur Gabriel et Arié, emmitouflés dans leurs blousons, la capuche sur la tête, attendant sur le trottoir. Le monstre s'est approché de mes petits-fils. Il a dégainé son arme, il a visé l'un des enfants et l'a tué d'une balle en pleine tête. Jonathan n'est pas mort le premier, non, dès qu'il a compris, réalisé, le père de mes petits-fils s'est interposé, il s'est jeté entre le tueur et son deuxième enfant encore vivant, il s'est placé devant Arié – ou est-ce devant Gabriel ? – pour faire rempart de son corps d'adulte, pour le protéger. Mon fils veut mourir à la place de son enfant, prendre les balles dans son crâne à lui, mais le tueur ne veut pas lui trouer la peau tout de suite, il veut que Jonathan voie ses enfants mourir, que le père assiste à l'exécution de ses fils, il cherche l'autre petit, le second, et tend son arme sur son front. Quand il a assassiné les deux enfants, il peut enfin supprimer leur père et il tue mon garçon. Jonathan s'écroule. Son corps tombe sur celui de ses fils.

Gabriel, Arié et Jonathan, vos corps convulsent encore sur le bitume. Alors de nouveau, l'assassin tire dans vos têtes, tire sur vos corps qui sautent sous l'effet des balles et retombent, inertes. Il vide son chargeur sur vos cadavres chauds puis il se met en chasse d'un autre enfant à éliminer.

Myriam Monsonego et son cartable à fleurs. Le monstre l'a agrippée. Myriami, comme on la surnomme dans sa famille, Myriami qui voulait qu'on lui fasse des tresses ce matin-là mais qui, faute de temps pour se coiffer, est sortie les cheveux libres. Myriami chute, son cartable s'ouvre, le tueur la met en joue, la petite fille se redresse, elle voudrait rattraper ses chaussons de danse, les mettre dans son sac, car elle a cours cet après-midi et elle aime tellement le ballet, elle se baisse, elle saisit un chausson rose, fait glisser son cartable jusqu'à elle. L'arme s'est enrayée, le tueur au scooter en possède une seconde, il la saisit et, agrippant l'enfant par les cheveux, place le canon sur sa tempe et l'assassine.

Puis il repart à la chasse aux enfants juifs. Dovan, un lycéen, s'est précipité, il entoure le cadavre de Myriam, il pratique sur elle le bouche-à-bouche mais il n'avale que du sang, des gorgées de sang dont, six ans plus tard, il a encore le goût dans la gorge. Myriami s'est assoupie, elle est morte. Un autre témoin, un père d'élèves, dit à la barre avoir hurlé à son fils d'aller porter secours aux deux garçons, à vous mes petits-enfants, et l'adolescent vous prend dans ses mains.

Gabriel, tu as les yeux ouverts. Que regardes-tu ? Comme je suis soulagé d'apprendre que ce que tu auras vu avant de quitter cette terre c'est le regard implorant d'un jeune homme qui voudrait te sauver, qui te parle, te tient, pleure. Un garçon qui t'aime et t'enlace dans ses bras à l'heure où tu quittes notre terre, cette terre que tu connais à peine. Tu as vomi du sang, mon Gabriel. Tu as perdu ta tétine. Tes yeux se referment.

C'est trop pour une mère de dire en public la mort de ses enfants, aussi Eva Sandler n'est-elle pas venue témoigner, sa sœur a parlé pour elle. À la barre, elle raconte que votre maman conserve une photo de vous deux dans son portable, qu'elle agrandit vos visages et les embrasse sans arrêt, elle vous embrasse, mes petits. Moi aussi, j'ai déposé devant la Cour et j'ai dit ma haine pour les monstres qui tuent les enfants juifs, j'ai parlé de mon cousin Jeannot, de la guerre, de la Shoah, de la mémoire et de la paix. J'ai prononcé vos noms afin qu'ils vivent.

Pendant trente jours, je m'inflige l'interminable dissection de cette famille où chacun se repaît de la haine des juifs. L'avocat du prévenu interrompt sans cesse les débats, il tend l'atmosphère électrique de la salle, où la justice affronte notre deuil. Son talent le pousse parfois à déraper, il gifle nos peines d'une formule trop adroite. J'observe l'accusé. Son regard magnétique dardé sur sa mère, comme s'il lui dictait ses paroles. Dans la famille du monstre, ils sont trois frères. Le tueur, l'accusé et l'aîné. Ce dernier témoigne et accable le prévenu. Il décrit leur enfance, les gifles, les coups lancés avec des fils électriques noués, l'aide sociale, la misère, la violence, la haine obsessionnelle des juifs. Je quitte la salle avant la fin de sa déposition, ne voulant pas croiser son regard.

Je reviens sur mon banc, quand l'ex-femme du frère aîné témoigne à son tour. Lorsqu'elle a appris à la télévision l'assassinat des deux militaires de Montauban, le 15 mars au soir, elle a tout de suite pensé que l'assassin, recherché par toutes les polices de la région, devait être le frère cadet de son mari. Elle s'est dit qu'il n'y avait que lui pour tuer dans le dos des militaires en uniforme, qu'il était devenu fou à force de regarder des vidéos clandestines tournées en Syrie et qu'il parlait de massacrer des impies, des soldats français, des mécréants. À ce moment-là, les services de l'État ignorent tout du tueur et pensent plutôt à le chercher dans les milieux de la droite radicale, ils ne savent pas que la banlieue toulousaine abrite des apprentis terroristes, des musulmans fanatiques, qui se nourrissent de films de décapitation et de sourates guerrières. La police perd du temps, faute de renseignement. Cette femme a songé à prévenir son commissariat, à dire qu'elle sait qui chercher, mais elle a préféré appeler son ex-époux. Celui-ci n'a pas bougé. On règle les crimes en famille. Deux jours plus tard, le frère cadet, le monstre pourchassait des enfants dans une cour d'école juive.

Je n'attends rien de ce procès. Dans la salle Voltaire du palais de justice de Paris, j'accompagne mes enfants dans la mort, je leur tiens compagnie. Je porte leurs trois linceuls. Le prévenu est condamné à vingt ans de réclusion, le parquet fait appel et je me dis que ce prochain procès me permettra de parler de nouveau des miens. Que nul ne les oublie. Que la poussière ne les abolisse.

27 janvier 2012, au téléphone, Eva me raconte que Liora commence à marcher, à dire quelques mots, il semble aussi qu'elle asticote ses frères en démolissant joyeusement leurs constructions de Playmobil et que ces derniers s'impatientent. Ma belle-fille se réjouit que je vienne le lendemain les voir. Ils ne sont à Toulouse que depuis six mois, je ne connais pas encore leur appartement et elle m'explique comment m'y rendre depuis la gare. Ce 28 janvier, je sors du métro cherchant des yeux le nom de la rue afin de m'orienter jusqu'à leur adresse. Soudain, j'entends des cris, des pépiements excités. Une cavalcade. Dans le soleil hivernal qui m'éblouit, je reconnais à contre-jour mes deux petits-fils, qui dévalent la

pente en tendant les bras vers moi. «Papy», crient-ils, se bousculant pour être le premier à se jeter contre mon torse, se disputant la primeur d'être pris dans mes bras, soulevé contre le ciel et embrassé. Jonathan, leur père, n'a pas couru, il nous rejoint en riant et je l'embrasse. Ce 28 janvier 2012, c'est la dernière fois que je tiens contre moi mon fils et mes deux petits-fils. Ce 28 janvier 2012, Gabriel, Arié et Jonathan ont encore cinquante et un jours à vivre. Nous nous étreignons, je sens contre ma joue la petite tête de Gabriel, qui crie dans mon oreille des mots excités, incompréhensibles, joyeux, Arié cherche ma main qu'il attrape et tient serrée autour de la sienne, comme il le faisait à la synagogue de Versailles. Jonathan sourit. Cinquante et un jours avant que nous soyons condamnés pour l'éternité.

À la lisière du monde, devenu mon propre fantôme, je m'oblige à me tenir debout pour porter haut la mémoire des miens. La vôtre, mes enfants, dont les chemins sont justes. Et je me souviens des jours anciens, les nôtres.

Je souhaite rappeler la mémoire de ma tante paternelle Karine. À Karine Kleiner, née Sandler, à son mari Salomon et à ses enfants, mes cousins Hilde et Siegfried : ils avaient fui la Rhénanie pour l'est de l'Europe, ils ont été déportés depuis la Tchécoslovaquie.

« Souviens-toi »
(Deutéronome, chapitre 32, verset 5)

À tous ceux qui, depuis ce lundi noir, se sont souvenus à mes côtés de Jonathan, Arié et Gabriel. Aux parents d'Eva, grands-parents d'Arié et Gabriel, Victor et Fanny Alloul. Aux sœurs et frères d'Eva.

Je désire exprimer ma reconnaissance à celles et ceux qui m'ont aidé, soutenu et qui n'ont pas été cités dans le présent ouvrage : madame Simone Schilli, épouse du grand rabbin, qui m'a accueilli après la disparition de mes parents et chez qui, le shabbat, je retrouvais mon rond de serviette ; monsieur le grand rabbin Ernest Gugenheim et son épouse Claude Annie avec qui j'ai fait mes premiers pas dans la connaissance du judaïsme ; monsieur le rabbin Westheim qui m'a initié dans les études talmudiques, dont l'humilité et le respect d'autrui m'ont marqué ; monsieur Jacky Guedj qui, à son tour, m'a permis de transmettre à travers mes cours de Talmud ce que mes maîtres m'avaient enseigné.

À mes camarades d'enfance, Joël Schilli, Marcel Cohen, Maurice Silber, Ivan Geismar, Victor Benhaiem. À mon camarade de travail, Arnaud de La Chevasnerie. Aux amis de mes parents qui m'ont soutenu, Robert Sommer, Adrien Guttel, Mathieu Muller. Aux cousines de mon père, Hilde Rappaport, Julia et son mari Léon Pascal. À mon oncle, Isaïe Deutsch, époux de Blanche Sandler, leur fille et leurs cinq petits-enfants. À mes petits-cousins, les Walter. À mon beau-frère, Gabriel Marcu, époux de Léa. À mes beaux-parents, Alex et Rachel, Rachel qui m'a tant aimé, leurs frères et sœurs, les Slenczinski et les Miler. À mon beau-frère Gérard, frère de Myriam. Aux cousins et cousines de Myriam.

Aux hommes et femmes politiques qui ont partagé ma peine : Nicolas Sarkozy, François Hollande, Emmanuel Macron, Manuel Valls, Bernard Cazeneuve, Gérard Larcher, Benoît Hamon, Valérie Pécresse, François de Mazières, François Pupponi, les ambassadeurs de France à Jérusalem, les ambassadeurs d'Israël à Paris.

À Hélène Hayat-Hart que j'ai connue en 1964, le premier été sans mes parents, et qui était à mes côtés lors du procès du frère de l'assassin. À Maurice Léna qui m'a aidé dans le choix des mots pour les interviews au moment du procès. À Annick Bouquet qui m'a aidé à perpétuer la mémoire. À mes avocats, Patrick

Klugman, Elie Korchia, Ariel Goldmann (petit-fils du grand rabbin Schilli).

Aux préfets des Yvelines. Aux élus et corps constitués de la ville de Versailles et du Chesnay, du Château, de l'Académie et de l'Eveché. Au CRIF et aux Consistoires, à l'ACIV et à Sainte-Jeanne d'Arc pour les cérémonies du souvenir qu'ils ont organisées. Au corps rabbinique qui n'a eu de cesse d'être à mes côtés, en particulier celui de Versailles. À tous ceux qui ont contribué à l'édition du livre de Jonathan : *Pour plus de lumière*. Pour les plaques mémoire placées à l'école Chné-Or, au collège Georges-Brassens à Paris, à l'école Maïmonide, à la synagogue et au cimetière de Versailles, dans un square de Versailles et de Jérusalem, sur une place de Sarcelles, à l'internat de l'école Ozar Hatorah. Au sculpteur Charles Stratos. Au GIP 78 où, pendant plus de dix ans, nous militions pour qu'un tel événement n'arrivât jamais. Au grand rabbin Alain Goldmann qui a partagé ma joie et mes peines.

Enfin, puisse la vie sourire à mes petits-enfants, Liora Sandler, Sarah, Raphael, Ariel, David, Odélia et Léa Koskas.

À tous ceux que j'ai oubliés, qu'ils me pardonnent.

Cet ouvrage a été imprimé par
Laballery
pour le compte des Éditions Grasset
en mars 2018

Composition Maury-Imprimeur

PAPIER À BASE DE
FIBRES CERTIFIÉES

Grasset s'engage pour
l'environnement en réduisant
l'empreinte carbone de ses livres.
Celle de cet exemplaire est de :
550 g éq. CO_2
Rendez-vous sur
www.grasset-durable.fr

N° d'édition : 20330 – N° d'impression : 802025
Dépôt légal : février 2018
Imprimé en France